실적 없는 공인중개사를 위한 현실 회복 매뉴얼!

# 당신이 지친 이유는
# 계약이 없어서다

실적 없는 공인중개사를 위한 현실 회복 매뉴얼!

# 당신이 지친 이유는 계약이 없어서다

김명식 지음

두드림미디어

## "계약이 없을 때, 사람도 먼저 무너진다"

아침 9시, 사무실 문을 열자 형광등 불빛이 차갑게 켜집니다. 계약서 용지와 펜은 오늘도 제자리를 지키고 있고, 간판은 환하게 불을 밝히고 있습니다. 하지만 정작 고객은 찾아오지 않습니다. 그 적막이 하루의 시작을 알립니다. 공인중개사에게 이 침묵은 단순한 고요가 아닙니다. 곧 **'계약 공백'의 서막**입니다.

계약 공백은 '종이가 비어 있다'는 뜻만이 아닙니다. 전화벨이 울리지 않는 정적, 문이 열리지 않는 적막, 그리고 그 속에서 조금씩 무너지는 자존감.

처음 개업하던 날을 떠올립니다. 새 간판이 반짝였고, 전단지는 산더미처럼 쌓여 있었습니다. 첫 고객이 환하게 웃으며 말했습니다.

"정말 도움이 됐습니다."

그때 속으로 계산기를 두드렸습니다.

'이제 시작이다.'

하지만 며칠이 지나도 그 고객은 돌아오지 않았습니다. 웃음은 있었지만, 계약은 없었습니다. 그 웃음 뒤에 숨은 진짜 대답을 읽지 못했기 때문입니다.

계약이 무산되는 이유는 단순하지 않습니다. 저 역시 실제로 수없이 그런 경험을 해왔습니다.

### 결정 미룸형
"좋은데요, 조금 더 생각해보고 연락드리겠습니다."

그러나 연락은 오지 않았습니다. 고객은 결정하지 못한 채 사라졌습니다.

### 가족·지인 반대형
마음은 있었지만 집에 돌아가니 가족의 반대가 기다리고 있었습니다.

"요즘 장사하기가 얼마나 힘든데 무슨 가게냐."

결국 발걸음을 돌렸습니다.

### 시장 변수형
금리 인상, 경기 악화.
조건은 완벽했지만 "지금은 시기가 아닌 것 같다"라는 말로 멈춰
선 고객.

### 소극적 고객형
"다음 주에 다시 연락드리겠습니다."

그러나 그 '다음 주'는 끝내 오지 않았습니다.

### 경쟁자 선택형
성심껏 상담했는데, 계약은 옆 사무실로 흘러갔습니다. 웃음은 있
었지만, 사인은 없었습니다.

더 코믹한 상황도 많았습니다. 점심마다 찾아와 매물 사진을 달라던 고객이 있었습니다. 열정적인 고객이라고 생각했는데, 사실은 도시락 먹을 공간이 없어 제 사무실을 '점심 휴게실'로 쓰고 있던 분이었습니다. 또는 카페 자리를 보러 와서 조건을 꼼꼼히 묻다가, 갑자기 이런 질문을 던진 고객도 있었습니다.

"근데 이 근처에서 제일 괜찮은 커피 맛집은 어디인가요?"

저는 순간 할 말을 잃었습니다. 계약은 사라지고, 고객은 커피집을 찾아 떠났습니다. 공인중개사의 일상은 코미디와 비극을 동시에 품고 있습니다. 웃어야 할지, 울어야 할지 모를 순간이 하루에도 몇 번씩 찾아옵니다.

계약이 없을 때, 진짜 먼저 무너지는 건 **사람**입니다. 계약이 없으면 글을 쓰고 싶지 않고, 고객 전화를 받는 것도 두려워집니다. 심지어는 사무실 문을 여는 발걸음조차 무겁습니다.

"나는 공인중개사가 맞을까?"

자존감은 조금씩 스스로를 갉아먹습니다. 그러나 저는 깨달았습니다. 공인중개사를 지치게 하는 이유는 일이 많아서가 아닙니다. **계약이 없어서 지치는 것**입니다. 그리고 더 중요한 사실은 계약은 기다린다고 오는 게 아니라 **만들어내는 것**이라는 겁니다. 그래서 저는 이 책에, 제가 현장에서 깨달은 모든 것을 담았습니다.

웃음 뒤에 숨은 진짜 대답을 읽는 법.
"생각해볼게요"라는 말을 마지막 기회로 바꾸는 법.
친절을 넘어 **확신**을 심어주는 첫인상과 말의 힘.
건물주·세입자·투자자를 설득하는 심리학.
계약 없는 날을 버티는 루틴과 행동 시스템.
그리고 계약이 한 건이 아니라 **흐름**이 되게 만드는 방법.

저는 수없이 무너지고, 다시 일어나며 배웠습니다. 계약서 한 장이 사람을 다시 살린다는 것을, 몸으로 배웠습니다.

혹시 지금 이 책을 펼치신 당신이 웃음만 남기고 떠난 고객 때문에 지쳐 있다면, "생각해볼게요"라는 말에 흔들린 적이 있다면, 계약이 없어 스스로를 의심한 적이 있다면, 저는 확신합니다. 이 책이 바로 당신의 책상 위에 다시 계약서를 쌓아 올릴 '시작'이 될 것입니다.

계약은 운이 아닙니다.
**준비된 자,**
**확신을 주는 자,**
**끝까지 버티는 자가 만들어내는 것입니다.**

이제, 계약서 한 장이 사람을 다시 세운다는 것을 당신이 증명할 차례입니다.

**"이제 계약서에 도장을 찍을 사람은 비로 당신이다."**

김명식

## 차례

**프롤로그** "계약이 없을 때, 사람도 먼저 무너진다" ·········· 4

---

### CHAPTER 1. 계약 없는 상담 – 웃음 뒤에 숨은 진짜 대답을 읽어라

1. 웃으며 떠난 손님, 왜 다시 오지 않았을까? ·········· 15
2. "생각해볼게요" = 사실상 거절의 다른 이름 ·········· 25
3. 고객은 친절이 아니라 확신을 산다 ·········· 31
4. 설명만 하면 끝이다. 결정을 이끌어야 산다 ·········· 36
5. 정보만 주면 계약은 흘러간다 ·········· 40
6. 상담은 끝내는 게 아니라, 결정을 설계하는 것이다 ·········· 44

---

### CHAPTER 2. 계약 공백 – 무너지는 멘털을 회복 루틴으로 붙잡아라

7. 계약 없는 달, 가장 먼저 무너지는 건 내 마음이다 ·········· 53
8. 아무것도 하기 싫을 때, 그때가 더 해야 할 순간이다 ·········· 58
9. 비교는 자존감을 좀먹는 독이다 ·········· 63
10. 상담 전화를 피하고 싶을 때, 이미 경고등은 켜졌다 ·········· 68
11. 작은 행동 하나가 무너진 멘털을 다시 세운다 ·········· 74
12. 계약서 한 장이 나를 사람답게 만든다 ·········· 80

## CHAPTER 3. 첫인상 전쟁 – 고객은 매물이 아니라 공인중개사를 산다

13. 상담 시작 3분, 이미 승부는 끝난다 ······················· 87
14. 표정·목소리·속도, 신뢰는 디테일에서 판가름 난다 ········· 91
15. 공간은 눈을 사로잡고, 준비는 마음을 사로잡는다 ········· 96
16. 설명보다 강한 건 '신뢰의 잔상'이다 ······················ 101
17. 감정을 다스리지 못하면 계약도 놓친다 ··················· 106
18. 다시 찾아오는 고객은 이유가 분명하다 ··················· 111

## CHAPTER 4. 말은 계약을 만든다 – 질문·요약·제안의 대본을 써라

19. 계약을 멀어지게 하는 말부터 버려라 ····················· 119
20. 제대로 묻는 질문이 계약을 불러온다 ····················· 124
21. 요약은 고객의 혼란을 정리하는 기술이다 ················· 129
22. 조건이 아니라 '이유'를 팔아라 ··························· 134
23. 망설임을 결심으로 바꾸는 대본이 필요하다 ··············· 139
24. 계약을 끌어내는 말은 따로 있다 ························· 144

## CHAPTER 5. 설득의 심리학 – 당사자별 다른 문을 열어라

25. 상가 주인은 논리보다 분위기에 움직인다 ················· 151
26. 권리금 협상은 타이밍이 아니라 멘트다 ··················· 156
27. 중개보수를 먼저 말해도 계약할 수 있다 ··················· 161
28. 건물주가 흔들릴 때, 한마디가 판을 바꾼다 ··············· 165
29. 세입자와 투자자의 불안은 정면에서 뚫어야 한다 ·········· 169
30. 계약서 사인은 결국 신뢰에서 터진다 ····················· 174

## CHAPTER 6. 계약 없는 날 – 외부로 연결되는 행동 시스템

31. 고객이 오지 않는 날, 내가 먼저 찾아간다……………………………181
32. 매물이 없을 때는 발로 뛰며 시장을 채운다……………………………187
33. 관계는 하루 만에 생기지 않는다. 매일 쌓아야 한다 ……………………192
34. 작은 이벤트 하나가 고객의 마음을 흔든다……………………………197
35. 데이터는 기억을 대신하고, 습관보다 오래 남는다 ……………………201
36. 준비된 사람만 우연을 계약으로 만든다 ………………………………205

## CHAPTER 7. 계약서 한 장 – 개인을 넘어 관계와 세상을 바꾼다

37. 다시 사인을 받는 순간, 나는 변했다 …………………………………213
38. 계약서를 쓰는 손의 떨림을 멈춰라 ……………………………………219
39. 중개보수 협상, 나는 이제 당당하다 ……………………………………223
40. 건물주가 먼저 소개하는 구조를 만들었다………………………………227
41. 고객과 동료의 시선이 달라졌다…………………………………………231
42. 계약은 나를 다시 사람답게 만들었다 …………………………………235

에필로그 "이제 계약서에 도장을 찍을 사람은 바로 당신이다!" ………………240

# 계약 없는 상담

## 웃음 뒤에 숨은 진짜 대답을 읽어라

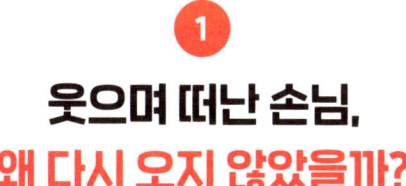

# 웃으며 떠난 손님,
## 왜 다시 오지 않았을까?

점심시간을 조금 넘긴 시각, 합동 사무실 유리문이 닫히자 찬 공기가 스르륵 빠져나갔다. 정민우가 양손으로 허공에 작은 'V'를 그리며 속삭였다.

"교수님, 이번엔 느낌이 좋습니다. 정말요."

유서연은 서류철을 덮으며 시선을 들어 올렸다.

"민우 씨, 방금 그 미소… 저는 '계약 미소'라기보다 '예의 미소'에 더 가까워 보였는데요."

정적과 함께 커피머신이 마지막 한 방울을 똑 하고 떨어뜨렸다. 사무실 한편에서는 프린터가 종이를 토해내며 조용히 식어가고 있었다. 방금 전까지 의자 2개를 차지했던 고객 부부의 체온만이 의자

등받이에 미미하게 남아 있는 듯했다.

오늘 상담한 매물은 **치킨 전문점 점포**였다.

**면적** : 22평

**보증금** : 2,000만 원

**권리금** : 3,000만 원

**월세** : 180만 원

**장점** : 초등학교와 대로변 사이 코너, 저녁·주말 유동인구 풍부, 배달 동선 양호

**단점** : 대각선에 이미 치킨집 1곳 운영(배달 강함), 상층 세대 소음 민원 이력 1회

상담 내내 분위기는 좋았다. 남편은 스마트폰에 탑재된 계산기를 열어 고정비와 추정 매출을 연달아 두드렸고, 아내는 수첩에 배달앱 리뷰의 빈도와 최신 날짜를 적어가며 고개를 끄덕였다. 매장을 둘러보고 돌아와 의자에 앉은 그들이 마지막으로 남긴 말은 이랬다.

"오늘 정말 많이 배웠습니다. 정리가 잘 됐어요. 감사합니다."

그리고 밝게 웃었다. 말 그대로 '모범답안 같은 미소'였다. 정민우가 자리로 돌아오며 신발 끝으로 바닥을 '톡톡' 차 올렸다.

"교수님, 보셨죠? 제가 상권 흐름부터 저녁 피크 시간대 데이터까지 설명해드렸습니다. 반응이 아주 좋았잖아요. 특히 배달 동선 그림 보여드릴 때요."

유서연이 고개를 기울였다.

"좋게 들으시긴 했는데… 한 가지, 아내분 눈빛이 배달앱 리뷰 이야기를 할 때 잠깐 흔들렸어요. 저는 그게 '경쟁 우려' 신호로 보였거든요."

정민우가 손바닥으로 책상을 가볍게 쳤다.

"아, 맞은편 경쟁점… 그 부분도 언급하긴 했죠. '브랜드 포지셔닝 다르게 가면 공존 가능하다'라고요."

저는 커피잔을 내려놓고 의자를 조금 당겼다.

"두 분, 방금 고객이 웃으며 했던 말들을 문자로 바꿔서 떠올려봅시다. '감사합니다', '정리 잘 됐습니다', '많이 배웠습니다' 여기에는 '결정'이 없죠. '오늘 계약합시다', '내일 2시에 다시 오겠습니다', '본사 상담 연결해주세요' 같은 다음 단계가 없었습니다. 웃음은 친절한 마지막 인사일 가능성이 큽니다."

정민우가 어깨를 조금 내렸다. 그때, 사무실 전화가 울릴 듯하다가 멈췄고, 구석의 서큘레이터가 '윙' 소리를 내며 방향을 바꿨다. 장내에 아주 얇은 허전함이 흘렀다.

그 부부가 사무실을 나서며 마음속에 적어둔 문장은 아마 이런 것이었을 것이다.

'자리 나쁘지 않다. 월세도 감당 가능. 그런데 맞은편 치킨집이 꽤 강하다던데… 초반에 우리 브랜드가 묻히면 어떡하지? 소음 민원 이력도 있다고 했지? 애들이 있는 집이라 신경 쓰이네. 일단 더 알아보자. 지금 여기서 굳이 결정할 필요는 없다.'

웃음은 부드러웠고, 감사는 진심이었지만, 그들의 가슴 속 깊은 곳에는 '아직 아니다'가 눌러앉아 있었다.

유서연이 의자를 조금 끌어 내 쪽으로 붙였다.

"교수님, 저라면 방금 그 타이밍에 이렇게 물어봤을 것 같아요. '오늘 말씀 나눈 것 중에 조금 더 넘어야 할 산이 있다면 무엇일까요?' 하고요."

정민우가 눈을 크게 떴다.

"아… 저는 '추가로 궁금하신 점 있으세요?'라고만 여쭸습니다. 둘이 비슷한 말 아닌가요?"

"아닙니다."

나는 고개를 저었다.

"'궁금한 점'은 정보를 더 달라는 신호고, '넘어야 할 산'은 결정을 가로막는 **감정의 장애물**을 묻는 말입니다. 고객이 속으로 쥐고 있는 건 정보의 부족이 아니라 **위험의 그림자**거든요."

정민우는 책상에 놓인 배달권역 지도 위로 손가락을 올려놓고 조심스레 말했다.

"그럼, 다음 번에는 정확히 뭘 해야 할까요?"

나는 칠판에 세 줄을 적었다.
1. **걱정의 이름 붙이기**
2. **동일선상 비교가 아닌 '다른 축' 제시하기**
3. **다음 행동 확정하기**

"첫째, '무엇이 제일 걱정되십니까?'가 아니라, 조금 더 좁혀서 묻습니다. '맞은편 경쟁, 상층 소음, 초기 홍보. 세 가지 중 어느 게 가장 마음을 붙들고 있습니까?' 선택지를 주면 고객은 마음의 무게중심을 밖으로 꺼냅니다.

둘째, 경쟁점과 '같은 선'에서 싸우지 말고 '다른 축'을 제시해야 합니다. 예컨대 그 점포가 '가격-배달 속도'로 강하면, 우리는 '가족형 매장 방문 경험-아이 메뉴-원테이블 이벤트' 같은 **다른 가치축**을 그립니다. 고객이 '같이'가 아니라 '다르게' 싸우는 그림을 그려야 불안이 줄어듭니다.

셋째, 웃음으로 끝내지 말고 **다음 행동**을 여기서 확정해야 합니다.

'그럼 내일 4시에 점심·저녁 유동 확인 동행하겠습니다', '소음 민원 해결 범위 건물주와 협의해 조건을 받아보겠습니다', '브랜드 본사 담당과 이번 주 수요일 3시 화상연결 잡겠습니다'처럼요. **다음 행동이 곧 계약의 예고장입니다.**"

유서연이 웃으며 메모 옆에 동그라미 3개를 그렸다.

"걱정 명명, 다른 축, 다음 행동…. 기억하기 좋네요. 삼계탕 주문처럼요."

정민우가 그 말을 듣고 피식 웃었다.

"유서연 씨, 지금 치킨집 이야기하다 삼계탕으로 전환하면 배고파

지잖아요."

사무실 분위기가 한결 가벼워졌다. 하지만 웃음이 잦아들자, 다시 오늘의 핵심이 또렷해졌다.

나는 방금 떠난 부부의 '마지막 5분'을 다시 재구성해보자고 제안했다.

"민우 씨, 그때 고객이 일어나려 할 때 이렇게 말했어야 합니다. '오늘 세 가지 중 **무엇**이 가장 마음에 걸리십니까? ① 맞은편 경쟁 ② 상층 소음 ③ 초반 홍보 중에서 한 가지만 정해주시면, 제가 **내일까지 해결 그림**을 만들어서 다시 보여드리겠습니다' 그리고 고객이 '경쟁'이라고 답하면 바로 **다른 축**을 꺼냅니다. '맞은편이 배달 강자라면, 우리는 '방문 경험'으로 축을 바꿉니다. 아이 메뉴 + 가족 테이블 + 초등학교 야구·합주 동아리 **꼬리표 후원**으로, '동네가 응원하는 가게' 포지션을 만들겠습니다. 내일 4시에 맞은편 집 피크 타임 관찰 동행하시죠. 그 자리에서 우리만의 '다른 축' 실행 체크리스드를 채워보겠습니다'"

정민우가 조용히 숨을 들이켰다.

"…저라면 '궁금하신 점 더 있으세요?'라고 묻고 웃으며 배웅했을 겁니다."

"바로 그 습관이 '웃음으로 끝나는 상담'을 만듭니다."

나는 고개를 끄덕였다.

"**웃음은 예의**이고, **다음 행동은 약속**입니다. 계약은 약속 위에서 자랍니다."

그때 사무실 문 너머로 방금 떠난 부부가 대각선 횡단보도를 건너는 모습이 보였다. 남편이 손가락으로 맞은편 간판을 가리켰고, 아내가 짧게 고개를 저었다. 유리창을 타고 들어온 오후 빛이 테이블 위 점포 도면에 사선으로 떨어졌다.

정민우가 속삭였다.

"교수님, 지금이라도 전화드려 '내일 4시에 현장 동선 같이 보자'라고 제안하면 무리일까요?"

"무리가 아닙니다."

나는 휴대폰을 밀어줬다.

"다만 문장을 바꿉니다. '생각해보세요'의 여지를 주지 말고, '**이**

한 가지만 확인하면 결정이 쉬워진다'라는 제안을 하세요.”

정민우가 잠깐 눈을 감았다가 또렷한 목소리로 전화를 걸었다.

“안녕하세요, 방금 상담해드린 정민우입니다. 방해되지 않으신다면 한 가지만 제안해드리고 싶습니다. 맞은편 경쟁이 마음에 걸리신다고 하셔서요. **내일 4시**에 저와 함께 피크 타임 동선을 실제로 걸어보시죠. 그 자리에서 방문 고객 동선, 배달 기사 체류시간, 소음 범위, 상층 라인까지 **체크리스트**로 확인시켜드리겠습니다. 20분이면 끝납니다. 그다음 **브랜드 본사 담당**을 화상으로 바로 연결해서 '다른 축' 운영 모델을 보여드리겠습니다. 내일 4시, 괜찮으실까요?”

잠깐의 침묵 뒤, 스피커에서는 아내의 조심스러운 목소리가 들렸다.

“…네, 내일 4시 괜찮습니다. 한 번 더 확인해보고 싶긴 했어요.”

정민우가 저와 유서연을 번갈아 보며 미소를 지었다. 그 미소에는 아까의 들뜬 기대와 다른 결이 담겨 있었다. '다음 행동이 확정된 안도'였다.
전화를 끊고 난 뒤, 나는 사무실 칠판 아래에 작은 문장을 덧붙였다.
**웃음은 마지막 인사, 다음 행동은 계약.**

유서연이 손바닥으로 펜 먼지를 털며 말했다.

"교수님, 결국 우리가 팔아야 하는 건 '좋은 말'이 아니라 '갈 수 있는 길'이네요."

"맞습니다."

나는 고개를 끄덕였다.

"정보는 머리를 채우지만, **길은 발을 움직입니다.** 웃으며 떠난 고객이 다시 오지 않는 이유는, 우리가 '길'을 열어주지 않았기 때문입니다."

정민우가 장부를 덮으며 조용히 다짐했다.

"다음부터는 웃음이 아니라 **다음 시간**을 받아내겠습니다."

사무실 유리창 너머로 오후의 빛이 조금씩 기울었다. 전화는 아직 울리지 않았지만, 내일 **4시**의 약속이 벽시계 안에서 또렷하게 움직이고 있었다. 누군가의 미소로 끝났던 상담이, 누군가의 발걸음으로 다시 시작되고 있었다. 그리고 그 발걸음이, 우리가 기다리던 **계약서**의 사인이 될지도 모른다는 예감이 이번에는 근거를 가지고 다가오고 있었다.

# "생각해볼게요"
# = 사실상 거절의 다른 이름

"오늘 정말 많이 배우고 갑니다. 말씀 잘 들었어요. 조금 생각해보고 다시 연락드릴게요."

남편의 정중한 말과 함께 부부는 미소를 지으며 사무실 문을 나섰다. 유리문이 '찰칵' 닫히자, 정민우는 양손을 비비며 의자에 앉았다.

"교수님, 이건 거의 확정 아닙니까? '생각해보겠다'라는 것은 긍정적인 신호죠. 이제 시간문제라고 봅니다."

유서연이 천천히 고개를 저었다.

"민우 씨, 저는 조금 다르게 들렸는데요. '생각해볼게요'는 보통 그 자리에서 못 한다는 말 아닌가요? 지금까지 제 경험으론, 거의 다시 안 오시더라고요."

정민우가 펄쩍 뛰듯 반박했다.

"에이, 설마요. 고객이 메모까지 하셨잖아요. 조건도 꼼꼼히 따져보셨고요. 게다가 마지막에 웃으면서 인사도 하셨잖습니까."

오늘 상담 매물은 **작은 카페 점포**였다.

**면적** : 15평

**보증금** : 3,000만 원

**권리금** : 없음

**월세** : 250만 원

**장점** : 대학교 정문 앞, 테이크아웃 고객 많음, 1층 코너 자리

**단점** : 옆 블록에 유명 프랜차이즈 카페 2곳 위치, 인근 월세 시세
　　　　보다 다소 높음

남편은 조건표를 한참 들여다보더니 계산기를 두드리며 말했다.

"월세 250만 원이면 부담이 되네요. 대신 권리금이 없는 건 매력적이긴 합니다."

아내는 주변 지도를 보며 중얼거렸다.

"근데 옆 블록에 이미 스타벅스랑 메가커피가 있어서 괜찮을까요?"

그들은 결국 자리에서 일어나며 "생각해보겠다"라는 말만 남기고 떠났다.

사무실 안 공기가 잠시 무겁게 가라앉았다. 정민우가 자신감 가득한 얼굴로 나에게 물었다.

"교수님, 그렇죠? 다시 연락 올 가능성 크죠?"

나는 고개를 저었다.

"민우 씨, 솔직히 말해드리겠습니다. '생각해볼세요'는 90% 이상 정중한 거절입니다."

정민우의 얼굴이 굳어졌다.

"그럼 방금 그 미소와 말씀은 다 헛된 것이었다는 겁니까?"

유서연이 대화를 이어받았다.

"저는 처음에 그 말이 희망적으로 들려서 매번 기대했어요. 근데 정말 연락이 안 오더라고요. 한동안은 '내가 뭘 잘못했지?'라는 생각만 했습니다. 이제는 그냥 마지막 인사로 이해하려고요."

정민우가 고개를 설레설레 흔들며 중얼거렸다.

"저는 아직도 믿기지가 않습니다. 오늘처럼 분위기 좋은 상담도 결국은 거절이었다니…."

나는 두 사람을 바라보다가 화이트보드에 크게 다음과 같이 썼다.

**망설임 = 기회**

"고객이 '생각해볼게요'라고 할 때, 대부분의 공인중개사는 '네, 천천히 생각해보세요'라고 답합니다. 하지만 그 말은 곧 '다시는 오지 않으셔도 됩니다'라는 허락과 같습니다."

정민우가 입을 다물지 못한 채 나를 바라봤다.

"그럼, 교수님. 그 순간 어떻게 해야 했습니까?"

나는 방금 떠난 부부의 상황을 재연해 보였다.

"남편이 월세를 걱정했죠? 그 순간 이렇게 물었어야 합니다. "괜찮으시다면, 지금 가장 크게 망설이시는 부분이 어떤 점일까요? 월세 부담입니까, 아니면 주변 프랜차이즈 경쟁입니까?" 이 질문은 고객의 **망설임을 밖으로 꺼내는 질문**입니다. 대부분의 고객은 직접 거절하지 않습니다. 대신 '생각해본다'라는 말 뒤에 진짜 이유를 숨깁니다. 그 숨은 이유를 확인하지 못하면, 웃으면서 돌아가도 다시는 돌아오지 않습니다."

유서연이 손바닥으로 탁자를 가볍게 두드리며 말했다.

"교수님, 그 말씀이 딱 맞네요. 고객이 떠날 때 제 눈빛이 자꾸 흔들렸던 이유가 그거였군요. 이미 마음속에 '아니다'라는 답을 품고 계셨는데, 저희는 그냥 웃음만 보고 만족했던 거예요."

정민우는 한숨을 내쉬며 말했다.

"전혀 몰랐습니다. 저는 '생각해본다'는 것이 희망이라고만 여겼습니다. 알고 보니 마지막 거절이라니…."

나는 마지막으로 단호하게 정리했다.

"기억하십시오. 고객의 '생각해볼게요'는 거절의 포장지입니다. 그러나 동시에 마지막 기회이기도 합니다. 그 순간 '무엇이 고민이신지' 묻는 용기를 내면, 계약은 다시 살아날 수 있습니다. 하지만 그 질문을 놓치면, 오늘처럼 웃음과 함께 모든 게 끝납니다."

사무실에 다시 정적이 흘렀다. 그러다 유서연이 농담 섞인 말로 분위기를 바꿨다.

"민우 씨, 다음부터 '생각해볼게요'가 나오면요, 바로 메모장을 꺼내세요. '그럼 지금 생각을 정리해드리겠습니다'라고요."

정민우가 멋쩍게 웃으며 대답했다.

"그럼 고객이 '이 공인중개사는 진짜 집요하다'라고 생각하시지 않을까요?"

"아니요."

나는 고개를 저었다.

"그건 집요함이 아니라 전문성입니다. 고객은 결국, '내 고민을 이해해주는 사람'을 선택합니다."

# 고객은 친절이 아니라
# 확신을 산다

늦은 오후, 사무실 유리문이 열리더니 젊은 남성이 허리를 숙이며 들어왔다. 양손에는 두툼한 서류봉투와 휴대폰이 들려 있었다. 정민우가 반갑게 맞으며 의자 쪽을 가리켰다.

오늘 상담 매물은 대학 앞 **편의점 점포**였다.

**면적** : 18평

**보증금** : 2,500만 원

**권리금** : 없음

**월세** : 200만 원

**장점** : 아파트 단지 정문 바로 앞, 야간 유동인구 풍부

**단점** : 반경 100m 안에 이미 편의점 2곳 운영 중

정민우는 브로셔를 내밀며 활기차게 설명을 시작했다.

"입지가 정말 좋습니다. 단지 정문 바로 앞이라 주민들이 퇴근길에 꼭 들르십니다. 권리금이 없는 점도 큰 장점이죠. 초기 비용을 줄일 수 있습니다."

고객은 고개를 끄덕이며 브로셔를 훑었다.

"월세 200만 원이면 적당하긴 한데… 바로 옆 골목에도 편의점이 2곳 있던데요?"

그 순간, 유서연이 잽싸게 대화를 받았다.

"맞습니다. 골목 안쪽에 두 군데가 있긴 합니다. 하지만 사람들은 보통 가장 가까운 길목을 선호합니다. 특히 밤에는 50m만 더 걸어가는 것도 귀찮아하죠."

정민우가 거들며 웃었다.

"저도 편의점 갈 때는 딱 눈앞에 보이는 곳만 찾습니다. 귀찮음이 최고의 경쟁력이니까요."

사무실 안에 작은 웃음이 번졌다.

나는 한동안 조용히 고객의 표정을 지켜보다가 입을 열었다.

"고객님, 말씀하신 고민이 아주 정확합니다. 편의점은 단순히 입지만으로 성공하지 않습니다. 하지만 이 자리는 '편리함'에서 오는 경쟁력이 확실합니다."

고객이 눈을 크게 떴다.

"편리함이요?"

"네. 사람은 **귀찮음을 피하려는 본능**이 있습니다. 100m 안쪽에 편의점이 2곳 더 있어도, 바로 정문 앞에 있는 이 매장이 매출을 흡수할 수 있습니다. 특히 퇴근 시간대와 늦은 밤 시간에는 고객이 절대로 골목 안까지 들어가지 않습니다."

유서연이 고개를 끄덕이며 거들었다.

"실제로 이 단지의 주민들이 '정문 앞 편의점이 없어서 불편하다'라는 이야기를 자주 하셨어요. 오늘 보시는 점포가 바로 그 자리에 들어가는 겁니다."

정민우가 장난스럽게 덧붙였다.

"교수님 말씀처럼 귀찮음이 최고의 경쟁력입니다. 사실 저도 집 근처 편의점 갈 때, 골목 안은 쳐다도 안 봅니다."

고객이 그제야 웃음을 지었고, 나는 차분하게 마무리했다.

"고객님, 친절은 인상을 남깁니다. 하지만 계약은 확신이 있어야만 이루어집니다. 오늘 저희가 드린 설명이 친절하게 들리셨을 수 있습니다. 하지만 더 중요한 건, '여기서라면 해볼 만하다'는 확신을 고객님께 드리는 겁니다. 그 확신이 있어야만 실제로 결정을 내리실 수 있습니다."

고객은 잠시 고개를 숙여 생각하더니 조용히 말했다.

"…확실히 말씀 듣고 나니, 고민이 줄어든 건 맞습니다. 경쟁은 있지만, 입지가 그걸 덮을 수 있겠다는 생각이 듭니다."

고객이 떠난 뒤, 정민우가 안도의 한숨을 내쉬며 웃었다.

"교수님, 역시 결론은 확신이군요. 저는 설명만 잘하면 된다고 생각했는데…."

나는 단호히 고개를 끄덕였다.

"설명은 머리를 채우지만, 확신은 발을 움직입니다. 친절은 '좋은 사람'으로 기억되게 하지만, 확신은 '이 사람과 계약해야겠다'로 이어집니다."

유서연이 장난스럽게 웃으며 메모에 크게 적었다.

**"친절 = 인상, 확신 = 계약"**

# 설명만 하면 끝이다.
# 결정을 이끌어야 산다

이번 상담은 유서연이 먼저 브리핑을 맡았다. 책상 위에 펼쳐진 도면을 가리키며 차분한 목소리로 시작했다.

"오늘 보실 매물은 학원 건물 2층, **45평 규모 공간**입니다."

오늘 상담 매물은 **학원 점포**였다.

**면적 :** 45평(학원 건물 2층 일부)

**보증금 :** 5,000만 원

**권리금 :** 4,000만 원

**월세 :** 350만 원

**장점 :** 초등학교 정문 맞은편, 안정적 학부모 수요

**단점 :** 건물 내 화장실 협소, 최근 학원 2곳 폐업 이력

고객 부부는 설명을 들으며 고개를 끄덕였다. 남편은 "위치가 정

말 좋네요"라고 했지만, 시선은 자꾸 창밖을 향했다. 아내는 메모를
하다가 손을 멈추고 속으로 생각했다.

● 고객의 속마음
'조건은 나쁘지 않은데… 화장실이 협소하다니, 아이들 수업 시간에
불편하지 않을까? 그런데 공인중개사는 자꾸 장점만 이야기하시네.
이 걱정을 덜어줄 방법이 있을까?'

정민우가 분위기를 띄우려고 덧붙였다.

"교실을 3개로 나누면 반당 15명까지 수용 가능합니다. 특히 미
술, 음악, 영어 같은 과목에 적합합니다. 주변 학원 경쟁은 이미 포화
라, 신규 학원은 오히려 차별화가 됩니다."

말은 열정적이었지만, 고객 부부의 표정은 여전히 흐릿했다. 김
교수가 소용히 웃으며 대화를 이어받았다.

"두 분, 지금 마음속에서 가장 크게 걸리는 부분은 무엇입니까?
위치, 임대 조건, 아니면 건물 구조?"

남편이 잠시 망설이다가 대답했다.

"…사실 화장실이 너무 협소한 게 걸립니다. 아이들이 수업 중에 몰리면 곤란할 것 같아서요."

김 교수는 고개를 끄덕이며 화이트보드에 두 단어를 썼다.

**설명 vs 확신**

"설명은 정보를 남깁니다. 하지만 고객이 결정을 내리는 건 '이 문제가 해결될 수 있다'는 **확신** 때문입니다. 예를 들어 화장실 문제라면, 건물주와 협의해서 리모델링 비용 일부를 지원받도록 조건을 끌어낼 수 있습니다. 또는 학부모 대기 공간을 활용해 시간대를 분산시키는 운영 방안도 있습니다. 즉, 문제를 풀 수 있다는 그림을 그려드려야 합니다."

부부의 눈빛이 달라졌다. 아내는 속으로 생각했다.

'그래, 단점이 있어도 해결책이 있다면 괜찮을 수 있지. 설명은 충분했는데, 내가 듣고 싶었던 건 바로 이 말이었다. 이 문제도 풀 수 있겠구나.'

유서연이 농담 섞인 말로 긴장을 풀었다.

"아까 민우 씨 설명하는 거 들으셨죠? 거의 뉴스 앵커 같지 않으셨나요? '오늘의 학원 임대 소식 전해드립니다' 이런 톤이었어요."

정민우가 얼굴을 붉히며 웃었다.

"제 목소리가 크게 울려서 그랬나 봅니다."

사무실 안에 웃음이 돌았다. 하지만 웃음 뒤에 메시지는 선명했다.

김 교수는 마무리했다.

"설명만 늘어놓으면 고객은 메모장에 기록만 남깁니다. 하지만 해결책을 제시하면, 고객의 마음속에 결정을 남깁니다. 우리는 정보 전달자가 아니라 문제 해결사여야 합니다."

성민우는 싶게 고개를 끄덕였다.

"앞으로는 설명만 하지 않고, 반드시 해결책을 제시하겠습니다."

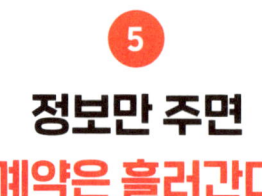

# 5

# 정보만 주면
# 계약은 흘러간다

이번 상담의 브리핑은 정민우 차례였다. 그는 의자를 바짝 당기고 활기차게 말했다.

"오늘 보실 매물은 **헤어살롱 점포**입니다."

**면적** : 20평

**보증금** : 3,000만 원

**권리금** : 2,000만 원

**월세** : 220만 원

**장점** : 뷰티 학원 인접, 20~30대 여성 유입 높음, 유동인구 풍부

**단점** : 맞은편 대형 프랜차이즈 미용실 존재, 주차 공간 협소

고객은 꼼꼼히 자료를 훑으며 연신 고개를 끄덕였다.

"주차가 좀 아쉽긴 하지만, 위치는 괜찮아 보이네요. 근처 뷰티 학원 수강생이 꾸준히 온다는 건 좋은 조건 같아요."

아내도 동의했다.

"맞아요. 미용실은 유행도 중요하니까, 젊은 층이 많이 오가는 입지는 확실히 좋아 보여요."

정민우는 자신감 있게 브로셔를 넘겼다.

"네, 그래서 제가 보기엔 경쟁보다 장점이 훨씬 큽니다. 가격 구조도 업계 평균에 맞고요. 매출 예상치도 이 정도면 충분히 나옵니다."

● 고객의 속마음
'정보는 알겠다. 조건도 정리됐고, 계산기도 두드려봤다. 그런데… 정말 이 지리에서 이길 수 있을까? 대형 프랜차이즈랑 정면 승부라니 불안하다. 설명은 많았는데, '여기면 괜찮다'라는 확신은 아직 안 생긴다.'

유서연이 고객의 표정을 살피더니 조심스레 물었다.

"혹시 지금 가장 크게 망설이시는 부분이 어떤 점일까요?"

고객은 잠시 머뭇거리다가 속내를 털어놨다.

"조건은 다 이해했습니다. 그런데 맞은편 프랜차이즈 미용실이 워낙 강세라… 저희 같은 개인 매장이 거기에 끌려 다니지 않을까 싶습니다."

정민우가 당황한 듯 말했다.

"그 부분은… 음… 사실 프랜차이즈는 규모가 크니까, 뭐랄까…."

그는 말끝을 흐렸다. 설명만 쏟아냈을 뿐, 결정을 이끌어낼 한마디는 준비되지 않았다. 김 교수가 미소를 지으며 나섰다.

"맞습니다. 조건을 잘 설명하는 건 기본입니다. 하지만 고객은 정보가 아니라 **승산의 그림**을 원합니다. 예컨대 맞은편 프랜차이즈가 '가격·규모'로 강세라면, 우리는 '맞춤 서비스·프리미엄 케어'로 다른 축을 잡아야 합니다. 큰 곳이 못 하는 걸 보여줘야 합니다. 예를 들면, 예약제 운영, 1대 1 스타일링, 고객별 기록 관리 같은 겁니다. 이런 차별화 그림이 없으면, 고객은 '좋다'라고 하면서도 결국 다른 곳에서 계약을 합니다. 왜냐하면 **정보만으로는 결정을 못 하기 때문**이죠."

유서연이 장난스럽게 거들었다.

"민우 씨, 아까 브리핑 때 너무 숫자랑 조건만 말씀하시니까, 고객이 마치 학원 강의 듣는 것처럼 표정이 굳으셨어요. 다음부터는 꼭 '승산의 그림'을 같이 보여주셔야 해요."

정민우가 머쓱하게 웃으며 고개를 끄덕였다.

"저도 설명할 땐 좋았는데, 결국 결정을 못 얻어낸 게 문제였네요."

● 고객의 속마음
'맞다. 정보만으로는 불안하다. 그런데 교수라는 분이 구체적인 차별화 방법까지 말해주니, 이제는 좀 그림이 그려진다. 단순히 조건이 아니라 전략이 있다는 게 느껴지니 안심이 된다.'

김 교수는 마지막으로 정리했다.

"기억하십시오. 설명은 정보이고, 전략은 확신입니다. 정보만 주면 고객은 다른 곳에서 계약합니다. 하지만 승산의 그림을 보여주면, 그 자리에서 결심을 합니다."

# 상담은 끝내는 게 아니라, 결정을 설계하는 것이다

오늘 브리핑은 김 교수가 맡았다. 사무실 한가운데 테이블에 매물 도면을 펼치며 천천히 설명을 시작했다.

"오늘 보실 매물은 **피트니스 센터 자리**입니다."

**면적 :** 80평(상가 2층 전체)

**보증금 :** 8,000만 원

**권리금 :** 5,000만 원

**월세 :** 600만 원

**장점 :** 오피스텔 단지 인접, 20~40대 직장인 고정 수요 풍부

**단점 :** 기구 설치 및 인테리어 비용 부담 큼, 초기 회원 모집 리스크 존재

고객은 40대 중반 남성이었다. 운동복 차림에 손에는 작은 노트를

들고 있었다. 그는 수첩을 넘기며 꼼꼼히 질문을 던졌다.

"월세 600만 원이면 부담이 꽤 크네요. 초반 회원 수가 잘 안 채워지면 어떻게 하죠? 기구 설치 비용도 만만치 않을 텐데…."

정민우가 곧바로 자료를 들이밀며 말했다.

"회원 모집 전략만 잘 세우면 충분히 회수가 가능합니다. 근처 직장인들이 퇴근 후 운동할 공간이 부족하거든요. 초기에는 PT 회원 위주로 고정 수익을 만들고, 그다음에 일반 회원을 확장하면 됩니다."

고객은 고개를 끄덕이긴 했지만, 표정이 밝지는 않았다.

● 고객의 속마음
'설명은 이해했는데… 여전히 불안하다. 초기 비용만 해도 억 단위인데, 만약 회원이 모이지 않으면? 말은 다 옳지만, 내가 결정을 내릴 만한 '그림'은 아직 보이지 않는다.'

유서연이 고객의 표정을 보고 곧바로 질문을 던졌다.

"대표님, 지금 가장 크게 고민되는 부분이 초기 비용입니까, 아니면 회원 모집 리스크입니까?"

고객이 단번에 대답했다.

"둘 다요. 솔직히 말하면, 잘못 시작했다가 빚만 떠안을까 두렵습니다."

김 교수가 미소를 지으며 화이트보드에 큼직하게 적었다.

**고객의 결정 = 경로 설계**

"고객은 정보를 듣고 결정하지 않습니다. 결정은 '앞으로 어떻게 될지'가 그림으로 보일 때만 나옵니다. 따라서 우리는 단순히 조건을 설명하는 게 아니라, **결정까지 가는 경로를 설계해야 합니다.**"

정민우가 장난스럽게 손을 들며 말했다.

"교수님, 그럼 저희는 공인중개사가 아니라 '경로 디자이너'네요?"

유서연이 피식 웃으며 거들었다.

"민우 씨는 브로셔만 넘기니까 '종이 디자이너'에 더 가깝죠."

정민우가 머쓱하게 웃으며 뒷머리를 긁었다.

"아, 또 시작이군요."

사무실이 웃음으로 가벼워졌지만, 고객은 진지하게 귀를 기울이고 있었다. 김 교수는 고객의 노트에 직접 펜으로 써 내려갔다.

**초기 비용 계산:** 인테리어 + 기구 설치 = 약 2억 원

　　　　　　　　건물주와 협의해 인테리어 비용 일부 분담 가능

**회원 모집 경로:** 오피스텔 단지 대상 '1개월 무료 체험권' 배포

　　　　　　　　점심·퇴근 시간대 '헬스 간식존' 이벤트

**안전장치:** 초기 6개월은 PT 회원 비중 60% 이상 확보

(월세 대비 BEP(손익분기점) 회원 수 : 150명)

"이 세 단계가 완성되면, 리스크는 관리 가능한 수준으로 떨어집니다. 이제는 '가능할까?'가 아니라 '언제 실행할까?'의 문제로 바뀝니다."

● **고객의 속마음**
'아, 이제 그림이 그려진다. 막연한 불안 대신 단계별로 어떻게 풀릴지가 보인다. 설명만 들을 때는 두려웠는데, 지금은 '할 수 있겠다'라는 생각이 든다.'

정민우가 감탄하듯 말했다.

"교수님, 저는 설명만 계속 늘어놨는데… 결국 고객이 원한 건 그림이었군요."

김 교수가 고개를 끄덕였다.

"그렇습니다. 설명은 고객의 머리를 채우지만, 그림은 고객의 발을 움직입니다. 앞으로는 정보를 나열하지 말고, 고객이 결정할 수 있도록 **경로를 설계해주십시오.**"

유서연이 메모에 크게 적으며 농담을 던졌다.

"민우 씨, 다음엔 고객한테 브로셔 대신 만화책을 그려서 드리세요. 결정 경로를 그림으로 보여주면 딱 좋을 것 같네요."

정민우가 웃으며 대답했다.

"그러다 진짜 제가 웹툰 작가로 전업하는 것 아닐까요?"

사무실은 또 한 번 웃음으로 가벼워졌지만, 고객은 이미 고개를 끄덕이며 말했다.

"오늘 이야기를 듣고 나니 확실히 마음이 정리됩니다. 조건이 아니라, **길이 보이니** 이제 결정을 내릴 수 있을 것 같습니다."

# 계약 공백

### 무너지는 멘털을 회복 루틴으로 붙잡아라

# 계약 없는 달,
# 가장 먼저 무너지는 건 내 마음이다

합동 사무실, 달력이 한 장 넘어가는 순간은 늘 특별하다. 그런데 이번 달은 달랐다. 계약서에 도장이 한 번도 찍히지 않았다. 책상 위 달력의 빈 칸들이 유난히 눈에 밟혔다. 정민우는 모니터를 켜놓고도 한참 동안 손가락만 꼼지락거렸다.

"교수님, 이번 달… 진짜 한 건도 못 했습니다."

목소리에 힘이 빠져 있었다. 유서연이 고개를 숙이며 따라붙었다.

"저도 그래요. 상담은 몇 번 있었는데, 다 흐지부지됐습니다. 결국 계약은 한 장도 없어요. 이렇게 공백이 길어진 건 처음이라 더 힘드네요."

김 교수는 세 사람의 책상 사이에 놓인 회의용 의자에 앉아 있었다. 그도 예전 기억이 떠오르는 듯, 잠시 달력을 바라보다가 천천히 입을 열었다.

"계약이 없으면, 매출이 없는 것보다도 멘털이 먼저 무너집니다. 내가 잘못된 건 아닌가, 내가 이 길을 계속 가도 될까… 그런 생각이 매일 덮쳐옵니다."

● 정민우의 독백
'전화벨이 안 울리니까, 스스로가 쓸모없는 사람처럼 느껴진다. 매물 사진을 올려도 반응이 없고, 블로그에 글을 올려도 조회 수가 낮다. 하루 종일 사무실에 앉아 있어도, '내가 지금 뭐 하고 있는 거지?' 하는 허무감만 커진다.'

그날 저녁, 셋은 사무실 불을 끄고 근처 분식집으로 갔다. 김밥 2줄과 떡볶이를 놓고 늦은 저녁을 먹으며 각자의 속내를 털어놨다. 유서연이 숟가락을 내려놓고 말했다.

"오늘 같은 날은 솔직히 출근 자체가 두렵습니다. '오늘도 계약이 없으면 어떡하지'라는 생각 때문에, 사무실 문을 여는 게 버겁습니다."

정민우도 고개를 끄덕였다.

"맞아요. 저는 괜히 주변 사무실 눈치만 보게 돼요. 옆 사무실에서 계약서 찍었다는 얘기가 들리면, 제 자존심이 쑥 내려앉습니다. 계약이 없는 건 지갑보다 마음을 먼저 무너뜨리네요."

김 교수가 떡볶이 국물을 젓가락으로 휘저으며 말했다.

"맞습니다. 계약 공백의 가장 큰 위험은 돈이 아니라 마음입니다. 마음이 무너지면 행동이 멈추고, 행동이 멈추면 계약은 더 멀어집니다. 이 악순환의 고리를 끊는 게 중요합니다."

● 유서연의 독백
'나는 상담 때 웃고 있었지만, 사실 속은 늘 불안했다. 계약이 없으니 작은 질문에도 흔들리고, 고객의 반응 하나에도 과민해졌다. 예전 같으면 자신 있게 대답했을 텐데, 지금은 목소리부터 떨린다. 이렇게 가다가는 정말 나 자신을 못 믿게 될 것 같다.'

사무실로 돌아오는 길, 김 교수가 일부러 코믹한 이야기를 꺼냈다.

"나도 신인 때는 계약이 없는 달이 많았습니다. 어느 날은 괜히 사무실에 앉아 있는데, 옆 건물 편의점 사장님이 '아직도 거기 계세요?' 하고 묻더군요. 그 말에 괜히 서류를 들고 바쁘게 움직이는 척했죠. 사실은 아무 일도 없었는데 말이에요."

정민우와 유서연이 동시에 웃음을 터뜨렸다. 사소한 해프닝이었지만, 분위기를 가볍게 풀어주기에 충분했다. 김 교수는 두 사람을 향해 차분히 말했다.

"여러분, 계약이 없을 때야말로 우리가 시험대에 오른 겁니다. 이 공백기를 어떻게 버티느냐가 실력입니다. 계약은 흐름 속에서 생기는 것이지, 기다린다고 생기는 게 아닙니다. 흐름을 만들려면, 마음부터 다잡아야 합니다."

정민우가 진지하게 물었다.

"그럼 교수님, 멘털이 무너질 때는 어떻게 해야 합니까?"

김 교수가 잠시 숨을 고르고 대답했다.

"답은 단순합니다. **작게라도 행동하는 겁니다.** 전화 한 통, 블로그 글 하나, 고객에게 안부 문자라도 보내야 합니다. 행동은 멘털을 회복시키는 유일한 약입니다. 그렇지 않으면 마음이 먼저 주저앉고, 그다음에는 모든 게 무너집니다."

전화벨은 하루종일 울리지 않는다. 상담 자리의 의자는 비어 있다. 컴퓨터 화면 속 매물만 덩그러니 남아 있다. 세 사람은 가끔 서로를 보며 웃지만, 웃음 뒤에는 묵직한 공백이 흘러간다. 김 교수는 마지막으로 단호히 말했다.

"계약이 없다고 해서 우리가 사라지는 건 아닙니다. 하지만 계약이 없다고 마음이 먼저 무너지면, 그때는 진짜 끝입니다. 우리는 반드시 이 공백을 버텨야 합니다. 그래야 다음 계약을 만날 수 있습니다."

## 8
# 아무것도 하기 싫을 때,
# 그때가 더 해야 할 순간이다

그날 아침, 사무실 공기는 유난히 무거웠다. 세 사람 모두 출근은 했지만, 책상 위는 어수선했다. 정민우는 의자에 비스듬히 기대 앉아 있었다. 커피를 들고는 있었지만, 거의 반 이상은 식은 채였다.

"교수님… 오늘은 진짜 아무것도 하기 싫습니다. 블로그 글도, 전화도, 심지어 문 열고 고객을 맞이할 준비조차도요."

유서연이 한숨을 내쉬며 대답했다.

"민우 씨, 저만 그런 줄 알았는데… 저도 똑같아요. 계약이 없으니까 의욕이 싹 사라져서, 오늘은 그냥 종일 앉아만 있고 싶습니다."

'솔직히 이 길이 맞는 건지도 헷갈린다. 계약은 안 나오고, 주변은 다들 잘되는 것 같고. 그냥 오늘 하루쯤은 아무것도 안 하고 싶은데…. 그러면 또 죄책감이 밀려온다. 안 해도 불안, 해도 불안. 도대체 뭐가 정답일까.'

김 교수는 잠시 웃으며 책상 위에 놓인 계약서 파일을 톡 건드렸다.

"두 사람, 나도 예전에 똑같이 느낀 적이 많습니다. 계약이 없던 달이면, 아침에 출근하는 것부터 전쟁이었죠. 책상 앞에 앉아도 머리는 멍하고, 전화기만 바라보다 하루가 지나갔어요. 그런데 그 시절에 배운 게 있습니다. **아무것도 하기 싫을 때일수록 오히려 뭘 더 해야 한다는 것**입니다."

정민우가 고개를 갸웃했다.

"아무것도 하기 싫을 때 더 하라고요? 그게 가능한가요? 저는 지금 블로그 글 한 줄 쓰는 것도 벅찬데요."

유서연도 거들었다.

"맞아요. 저는 오늘 전화라도 오면 피하고 싶을 정도인데요. 이럴 때는 그냥 쉬어야 하는 것 아닌가요?"

김 교수가 진지하게 고개를 저었다.

"쉬는 건 멘털 회복이 아니라 도망일 때가 많습니다. 우리가 아무것도 안 하고 있으면, 마음속 불안은 더 커지고 결국 더 지치게 돼요. 그래서 역설적으로, 아무것도 하기 싫을 때야말로 작게라도 뭘 해야 합니다."

김 교수는 두 사람을 데리고 인근 상권으로 나갔다. 겨울바람이 매섭게 불었지만, 거리에는 여전히 점심 고객들이 오가고 있었다. 김 교수가 손가락으로 가리켰다.

"저기 보이죠? 새로 오픈한 카페. 저 자리 원래 치킨집이었는데, 장사가 안 돼서 두 달 만에 접었습니다. 그런데 카페 사장이 다시 들어와서 벌써 자리 잡고 있네요. 포기하고 쉬어버린 사람은 실패로 끝났지만, 멈추지 않고 도전한 사람은 다시 일어선 것이죠."

정민우가 속으로 중얼거렸다.

"아… 저 사장님도 아마 계약할 때 고민 많았겠죠. 근데 결국 실행했으니까 저 자리에 있는 거네요."

사무실로 돌아오는 길, 유서연이 웃으며 말했다.

"사실 민우 씨, 저도 오늘 그냥 집에서 하루 쉬고 싶었거든요. 근데 교수님이 이렇게 끌고 나오시니까 억지로라도 움직이게 되네요. 생각보다 기분이 좀 나아졌어요."

● 유서연의 독백
'아무것도 안 하면 불안이 더 커진다는 게 무슨 뜻인지 알 것 같다. 몸을 움직이니까 마음이 조금은 가벼워진다. 행동이 약이 될 수도 있구나.'

사무실에 도착하자 김 교수가 작은 미션을 던졌다.

"좋아요. 오늘은 아무것도 하기 싫은 날이니까, 오히려 단순한 걸 합시다. 민우 씨는 고객 리스트에서 '올해 첫 상담 고객'한테 안부 문자 보내고, 서연 씨는 블로그에 사진 한 장만이라도 올리세요. 길게 쓸 필요 없습니다. 중요한 건 **행동의 끈을 놓지 않는 것**이니까요."

정민우가 억지로라도 노트북을 켰다. 유서연도 스마트폰을 들고 사진을 고르기 시작했다. 잠시 후, 정민우의 휴대폰에 답장이 도착했다.

"마침 잘됐네요. 이번 주 주말에 다시 상담 가능할까요?"

정민우의 얼굴이 환해졌다.

"교수님! 답장이 왔습니다. 진짜 오랜만이에요."

유서연도 블로그에 사진 한 장을 올리자 곧바로 조회 수가 늘어나는 걸 확인했다.

"에이, 사진 하나 올렸을 뿐인데, 그래도 누군가는 보고 있다는 게 느껴지네요."

김 교수는 흐뭇하게 미소 지으며 말했다.

"봐요. 아무것도 하기 싫을 때, 작게라도 뭘 하면 결과가 옵니다. 행동은 크든 작든 상관없습니다. 중요한 건 그 행동이 멘털을 붙잡아준다는 거예요."

● 김 교수의 회고
'나는 계약 공백의 시절을 수도 없이 겪었다. 그런데 그때마다 나를 구해준 건 큰 성과가 아니라 작은 행동이었다. 전화 한 통, 메모 한 줄, 고객의 미소 하나. 그 작은 것들이 쌓여서 다시 계약으로 이어졌다.'

# 9
# 비교는
# 자존감을 좀먹는 독이다

합동 사무실의 오후, 전화벨은 조용했다. 창밖에서는 햇살이 환했지만, 세 사람의 표정은 그늘져 있었다. 유서연이 갑자기 스마트폰을 내려놓으며 한숨을 쉬었다.

"교수님, 방금 인스타그램을 봤는데요. 옆 동네 중개사무소 대표가 오늘만 2건 계약했다고 올려놨더라고요. 계약서 사진을 들고 활짝 웃는 모습이… 솔직히 보기 힘드네요."

정민우가 고개를 떨구며 덧붙였다.

"저도 아까 블로그에서 봤습니다. 저랑 같은 시기에 시작한 후배인데, 이번 달에만 4건 계약했다고 자랑하더군요. 저는 계약 1건도 못 했는데…. 괜히 비교하게 되고, 자존심만 더 상합니다."

'나도 계약만 있으면 당당하게 웃으면서 글을 올릴 텐데…. 지금은 그 사람들 글을 볼 때마다 초라해진다. 나만 뒤처지는 것 같고, 나만 멈춘 것 같은 기분. 이렇게 비교만 하다가는 진짜 마음이 다 무너질 것 같다.'

김 교수는 잠시 세 사람을 바라보다가, 자리에서 일어나 커피포트를 켰다.

"비교… 저도 수없이 했습니다. 옆 사무실에서 도장 찍는 소리가 들리면, 괜히 가슴이 철렁 내려앉았죠. 그때마다 자존감이 바닥을 쳤습니다. 그런데 중요한 걸 깨달았습니다. **비교는 언제나 독약**이라는 것을요."

두 사람은 김 교수의 말에 귀를 기울였다.

"옆집이 계약했다고 해서 내 계약이 사라지는 건 아닙니다. 남이 웃는다고 해서 내가 실패자가 되는 것도 아니고. 문제는 우리가 그걸 비교하는 순간, 스스로를 깎아내린다는 것입니다."

정민우가 고개를 저으며 중얼거렸다.

"알면서도 참 어렵습니다. SNS에 올라오는 계약 인증샷을 보면, 그냥 부러움이 아니라 열등감이 밀려와서요."

유서연이 쓸쓸하게 웃었다.

"저도요. 계약 없는 날에는 남들 성과가 더 크게만 보여요. 마치 제 존재 자체가 작아진 느낌이에요."

김 교수는 책상에 커피잔을 내려놓으며 미소 지었다.

"그래서 제가 쓰는 방법이 있습니다. 비교가 시작될 때마다, 그 사람을 경쟁자가 아니라 **시장 리포트**라고 생각하는 것이죠. '아, 저 동네도 수요가 있구나', '이 업종도 지금 잘 돌아가는구나' 그렇게 바라보면 비교가 독이 아니라 정보가 되죠."

그날 저녁, 셋은 사무실을 나와 근처 카페로 갔다. 커피향이 가득한 공간에서 김 교수가 종이에 크게 적었다.

**비교 = 독**
**해석 = 인사이트**

"우리는 남의 계약을 볼 때 두 가지 선택이 있습니다. 하나는 스스로를 갉아먹는 비교로 삼는 것. 다른 하나는 내 전략을 다듬는 자료로 삼는 것. 선택은 늘 우리에게 달려 있습니다."

정민우가 웃으며 말했다.

"그러면 교수님, 옆 사무실 계약 사진을 보면 박수라도 쳐드려야 합니까?"

유서연도 맞장구쳤다.

"민우 씨, 그럼 팔로우도 눌러드려야죠. 좋아요까지 누르면 더 좋고요."

김 교수가 피식 웃으며 대답했다.

"그렇게 할 필요까진 없습니다. 다만 남을 깎아내릴 필요도 없다는 거죠. 그 시간에 우리의 다음 한 건을 준비하는 게 훨씬 이롭습니다."

● 정민우의 독백
'비교가 독이라는 말이 와 닿는다. 괜히 마음만 무너지고, 행동은 더 줄어드니 결국 악순환이었다. 이제는 남의 계약을 내 실패로 해석하지 말자. 그저 시장이 살아 있다는 신호라고 받아들이자. 그러면 오히려 내 멘털이 지켜질지도 모른다.'

사무실로 돌아오는 길, 유서연이 말했다.

"교수님, 오늘은 신기하게 마음이 좀 편해졌습니다. 옆 사무실 계약 소식이 들려도, '나도 곧 할 수 있다'는 생각이 드네요."

김 교수가 미소 지으며 답했다.

"좋습니다. 우리는 남을 이기는 게 목적이 아닙니다. 우리 자신이 무너지지 않는 게 먼저입니다. 계약은 흐름을 타야 옵니다. 그 흐름은 멘털이 지켜질 때 만들어집니다."

# 10
# 상담 전화를 피하고 싶을 때,
# 이미 경고등은 켜졌다

아침부터 사무실 공기가 묘했다. 정민우는 출근하자마자 슬쩍 김 교수와 유서연 눈치를 보며 가방을 내려놓았다. 그는 깊은 한숨을 내쉬고는 책상 앞에 앉지 않고, 커피포트 쪽으로 직행했다. 유서연이 물었다.

"민우 씨, 오늘 왜 이렇게 힘이 없어 보여요?"

정민우가 대답 대신 고개만 저었다.

"솔직히요… 오늘은 상담 약속이 있어도 나가기 싫습니다. 고객 얼굴 보는 것 자체가 부담이에요. 계약 얘기 꺼내면 또 거절당할까 봐 겁납니다."

'상담만 하면 긴장된다. 고객이 들어와도, 대화가 시작돼도, 결국은 "생각해볼게요"라는 말로 끝나지 않던가. 그래서 오늘은 그냥 피하고 싶다. 아예 전화를 안 받고 싶고, 상담 약속도 취소해버리고 싶다.'

유서연도 고개를 끄덕였다.

"민우 씨 마음, 이해돼요. 저도 상담 없는 날은 차라리 편한데, 상담이 있다고 하면 괜히 마음이 무거워져요. '오늘도 계약 안 되면 어쩌지?'라는 두려움 때문에, 아예 상담 자체를 피하고 싶은 생각이 들 때가 있거든요."

김 교수가 두 사람을 번갈아 보며 웃었다.

"두 사람, 지금 아주 위험한 신호를 보내고 있습니다. 상담을 피하고 싶다는 건 단순히 게으른 게 아닙니다. 그건 **멘탈의 경고등**이 켜졌다는 뜻이죠."

그날 오전, 실제로 전화 한 통이 왔다.

"오늘 오후 상담 괜찮으실까요?"

고객의 목소리였지만, 정민우는 잠시 망설였다.

"아, 네… 그런데 오늘은 사무실 일정이 좀 있어서…."

그는 무의식적으로 약속을 미루려 했다. 그 순간, 옆자리 유서연이 그의 대화를 엿듣고는 눈을 크게 떴다.

"민우 씨, 지금 상담 취소하려고 했죠?"

정민우는 얼굴이 붉어졌다.

"그냥… 준비가 덜 된 것 같아서요."

김 교수가 단호히 말했다.

"그게 바로 경고등입니다. 상담을 미루고 싶을 때는 대부분 준비가 부족해서가 아니라, 마음이 무너져서 그런거죠. 만약 지금 이 상담을 취소하면, 다음에는 더 두려워지고 결국 상담 자체가 멀어질 것입니다."

'맞다. 나도 상담이 두려워질 때마다, "다음에 하지, 뭐"라고 미뤘다. 그런데 그렇게 한 번 피하면, 그다음엔 더 피하고 싶어진다. 결국 며칠, 몇 주가 그냥 지나가 버렸다. 상담을 피하고 싶다는 건, 이미 멘털이 한계에 다다랐다는 신호였다.'

김 교수는 탁자를 두드리며 말했다.

"여러분, 자동차에도 경고등이 있어서 엔진에 이상이 생기면 불이 들어오죠. 지금 여러분이 상담을 피하고 싶다는 건, 마음의 엔진에 불이 들어온 것입니다. 이걸 무시하면 차가 멈추듯, 우리의 영업도 멈춰버립니다."

정민우가 멋쩍게 웃으며 말했다.

"교수님, 그럼 저는 지금 완전히 '엔진 고장'이네요."

유서연도 장난스럽게 거들었다.

"민우 씨, 혹시 폐차 직전 아니에요?"

세 사람은 동시에 웃음을 터뜨렸다. 잠시지만 긴장된 분위기가 풀렸다. 김 교수의 조언대로, 정민우는 결국 상담 약속을 취소하지 않았다.

오후가 되자 한 50대 부부가 사무실을 찾았다.

**업종 :** 분식집 자리

**면적 :** 15평

**보증금 :** 2,000만 원

**권리금 :** 없음

**월세 :** 120만 원

**장점 :** 학교 앞이라 학생 수요가 많음

**단점 :** 주방이 협소

정민우는 상담 내내 긴장했지만, 결국 끝까지 상담을 마쳤다. 비록 계약으로 이어지진 않았지만, 그는 상담을 끝낸 뒤 의외의 안도감을 느꼈다.

● 정민우의 독백

'이상하다. 오늘 상담을 하면 더 지칠 줄 알았는데… 오히려 마음이 가벼워졌다. 상담 자체를 피하고 싶었던 게, 사실은 두려움 때문이었다는 걸 알았다. 피하지 않고 마주하니까, 그 두려움이 조금은 줄어든 것 같다.'

사무실로 돌아와, 김 교수가 정리했다.

"오늘 중요한 걸 배웠죠? 상담이 두렵다고 피하는 순간, 그게 멘털을 더 무너뜨립니다. 상담은 계약으로 이어지지 않아도 괜찮습니다. 하지만 상담을 아예 하지 않으면, 우리 스스로가 더 무너집니다. **두려움은 행동으로만 이길 수 있습니다.**"

# 11
# 작은 행동 하나가
## 무너진 멘털을 다시 세운다

　사무실의 오후, 창밖에는 비가 내리고 있었다. 전화벨도 울리지 않고, 고객 발걸음도 뜸했다. 정적 속에서 세 사람은 각자 컴퓨터 앞에 앉아 있었지만, 집중하는 사람은 아무도 없었다. 유서연이 결국 마우스를 내려놓았다.

　"교수님, 이렇게 아무 일도 없는 날에는 도대체 뭘 해야 할까요? 계약도 없고, 상담도 없고, 그냥 하루가 흘러가는 게 너무 버겁습니다."

　정민우가 고개를 끄덕였다.

　"맞아요. 저는 요즘 하루 종일 멍하니 앉아 있다가 퇴근하는 기분입니다. 아무것도 못 하고 있는 제 모습이 더 우울하게 만듭니다."

'어쩌면 내가 제일 못난 공인중개사일지도 모른다. 계약도 없고, 성과도 없고, 그냥 시간만 흘려보낸다. 스스로가 무너지는 기분이다. 작은 행동이라도 해야 할까? 하지만 뭘 해야 할지도 모르겠다.'

김 교수는 두 사람을 바라보다가, 가볍게 웃으며 말했다.

"여러분, 멘털이 무너질 때는 거창한 목표를 세우지 마세요. 그럴 땐 **작은 행동 하나**가 멘털을 다시 붙잡아줍니다."

김 교수는 책상 위에 있던 명함 뭉치를 정민우에게 줬다.

"좋아요. 오늘은 계약이 없는 날이니까 오히려 멘털 훈련의 기회로 삼아봅시다. 민우 씨는 명함을 들고 근처 카페를 돌아다니며 인사만 하고 오세요. 서연 씨는 블로그에 오늘 상권 사진 한 장만 올리세요. 저는 건물주에게 안부 전화를 한 통 걸겠습니다. 작은 움직임이지만, 마음이 달라질 겁니다."

정민우가 난감한 표정을 지었다.

"명함 돌리고 오는 게 무슨 의미가 있을까요? 어차피 계약으로 이어지지도 않을 텐데…."

김 교수가 단호히 대답했다.

"계약이 목적이 아닙니다. **행동 그 자체가 목적**입니다. 행동하면 마음이 살아나고, 마음이 살아나면 계약을 준비할 힘이 생깁니다."

정민우는 비를 맞으며 근처 카페로 들어갔다. 머뭇거리며 명함을 내밀자, 카페 사장이 웃으며 받아줬다.

"아, 공인중개사시군요. 나중에 건물주 이야기 들을 일 있으면 연락드릴게요."

그 한마디에 정민우의 표정이 조금 밝아졌다.

'생각보다 나쁘지 않네. 그냥 인사만 했는데도… 마음이 덜 무겁다.'

한편 유서연은 상권 사진을 찍어 블로그에 올렸다.

"오늘은 비 오는 날 상권 풍경을 담았습니다. 비가 와도 고객의 발걸음은 멈추지 않습니다."

그 글을 올리자마자 몇 분도 안 돼 조회 수가 올랐고, 댓글이 달렸다.

"상권 정보, 감사합니다!"

"사진 덕분에 분위기를 알겠네요."

유서연은 화면을 보며 미소 지었다.

'별거 아닌데… 누군가는 보고 있구나. 이게 힘이 되네.'

김 교수는 오랫동안 연락하지 못했던 건물주에게 안부 전화를 걸었다.

"사장님, 요즘 건강은 어떠십니까? 건물 공실은 잘 관리되고 있으신지요?"

예상외로 건물주는 반가워하며 말했다.

"아이고 교수님, 이렇게 먼저 연락 주셔서 고맙습니다. 마침 다음 달에 공실 하나 나올 것 같으니 그때 같이 이야기해요."

전화를 끊고 김 교수는 두 사람에게 말했다.

"보셨죠? 그냥 안부 전화였는데도 이렇게 기회가 옵니다. 작은 행동이 큰 결과로 이어질 수도 있는 겁니다."

정민우가 돌아와 의자에 털썩 앉으며 말했다.

"교수님, 저 명함 돌리고 오는데 사장님이 '사무실 어디예요?'라고 묻기에 순간 긴장해서, 제 사무실 주소 대신 우리 집 주소를 말할 뻔했습니다."

유서연이 박장대소했다.

"그럼 고객이 계약 상담하러 민우 씨 집에 찾아오면 어쩌려고요?"

세 사람은 한바탕 웃음으로 사무실을 가득 채웠다. 김 교수가 마지막으로 정리했다.

"여러분, 계약이 없을 때 마음이 무너지는 것은 당연합니다. 하지만 그럴수록 작은 행동이 우리를 살립니다. 명함 한 장, 사진 한 장,

전화 한 통…. 그 작은 움직임이 멘털을 복구시키는 시작입니다."

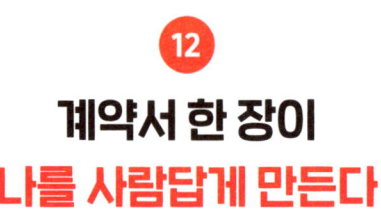

# 계약서 한 장이
## 나를 사람답게 만든다

　합동 사무실의 오전, 세 사람은 평소보다 일찍 자리에 앉아 있었다. 지난달 내내 공백으로 지쳐 있었기에, 오늘도 기대보다는 불안이 더 컸다. 그런데 문이 열리자 낯익은 얼굴이 들어왔다. 정민우가 반갑게 일어섰다.

　"어, 지난번에 학원 근처에서 뵈었던 원장님 아니십니까?"

　40대 초반 학원 원장이 활짝 웃으며 말했다.

　"네, 그때는 그냥 둘러본다고 말씀드렸는데, 오늘은 본격적으로 계약 이야기를 해보려고 왔습니다."

　순간 사무실 분위기가 바뀌었다. 가라앉아 있던 공기가 긴장과 설렘으로 바뀌며, 모두의 눈빛이 살아났다.

**업종 :** 학원 원장이 찾는 카페 창업 자리

**면적 :** 25평

**보증금 :** 4,000만 원

**권리금 :** 1,500만 원

**월세 :** 200만 원

**장점 :** 학원가 중심, 학부모·학생 고정 유동인구

**단점 :** 주방이 협소, 테이블 배치 제한

원장은 차분히 말했다.

"아이들 학원 끝나고 부모님들이 기다릴 때 앉아 있을 공간이 필요해서요. 조건은 괜찮은데, 오늘 계약을 진행해도 될까요?"

● 유서연의 독백

'드디어 왔다. 지난 한 달 동안 공허하게 흘려보냈던 시간, 아무 일도 없던 날들이 한순간에 의미를 되찾는 기분이다. 계약 한 장이 이렇게 사람의 마음을 일으켜 세우는구나.'

정민우는 손이 떨려 펜을 제대로 잡지 못했다. 계약서 첫 장을 넘기려는데, 종이가 덜덜 떨렸다. 김 교수가 웃으며 그의 손등을 톡 쳤다.

"민우 씨, 심호흡부터 하세요. 계약서는 종이가 아니라 신뢰의 기록입니다. 긴장할 필요 없습니다. 고객과 우리가 함께 쌓아온 과정의 마침표일 뿐이에요."

정민우는 고개를 끄덕이며 심호흡을 했다. 떨리던 손이 조금씩 안정되기 시작했다. 계약서가 책상 위에 펼쳐졌다. 원장은 한 장 한 장 차분히 읽고, 고개를 끄덕이며 서명을 이어갔다. 펜 끝에서 사각거리는 소리가 유난히 크게 들렸다. 그 소리는 사무실의 고요를 깨뜨리는 동시에, 세 사람의 멘털을 단단히 붙잡아주는 리듬이었다.

● 정민우의 독백
'이게 그동안 내가 버틴 이유구나. 상담에서 거절당하고, 며칠 동안 전화 한 통 못 받던 시간들이 다 이 순간을 위한 거였구나. 계약서에 찍히는 서명 하나가, 무너졌던 나를 다시 세운다.'

원장이 마지막 장에 사인을 마치자, 사무실 안에는 작은 박수가 터져 나왔다. 유서연이 눈시울이 붉어진 채 웃었다.

"교수님, 계약서 한 장이 사람을 이렇게 살릴 수 있다는 걸 오늘 알았습니다."

김 교수가 고개를 끄덕이며 말했다.

"맞습니다. 계약은 단순한 돈의 문제가 아닙니다. 그 한 장이 '나도 할 수 있다'는 믿음을 되찾아줍니다. 계약서에 담긴 건 금액이 아니라 **공인중개사의 자존감**입니다."

정민우는 계약서를 정리하다가 괜히 농담을 던졌다.

"교수님, 저는 오늘 이 서명 소리를 벨소리로 저장하고 싶습니다. 매번 '사각 사각' 소리만 들리면 멘털이 자동으로 회복되게요."

유서연이 폭소하며 대꾸했다.

"민우 씨, 그러다 전화 올 때마다 '사인하겠습니다' 하고 받는 거 아니에요?"

사무실은 한동안 웃음으로 가득 찼다.

● 김 교수의 회고

'나도 계약 없는 날에는 늘 무너졌다. 하지만 결국 다시 일어나게 만든 건 계약서 한 장이었다. 그 한 장이 나를 다시 사람답게 만들고, 다시 공인중개사답게 만들었다. 그래서 나는 오늘도 버틴다. 다음 계약서가 나를 다시 세울 테니까.'

김 교수는 마지막으로 정리했다.

"여러분, 계약서 한 장은 단순한 종이가 아닙니다. 그건 우리가 살아 있다는 증거이고, 우리가 이 길을 계속 걸을 이유입니다. 무너졌을 때 다시 일으켜 세우는 건 거창한 성공이 아니라, 언제나 **계약서 한 장**입니다."

# 첫인상 전쟁
## 고객은 매물이 아니라 공인중개사를 산다

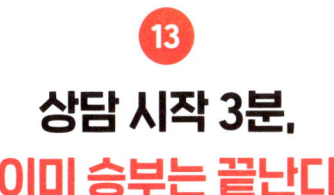

# 상담 시작 3분,
## 이미 승부는 끝난다

문이 열렸다. 나는(고객) 조심스레 사무실 안을 둘러봤다. 향기는 은은한 커피향이었고, 조명이 너무 밝지도 어둡지도 않았다. 벽에는 최근 거래 완료된 계약서가 액자처럼 걸려 있었는데, 그게 이상하게 마음을 끌었다.

'여기선 뭔가 일이 이루어지고 있구나.'

그러나 동시에, 책상 위에 어수선하게 쌓인 서류 뭉치와 어딘가 긴장한 듯한 공인중개사들의 표정이 눈에 들어왔다. 나는 이미 이 순간 마음속에서 '여기서 계약할지 말지'를 저울질하고 있었다.

정민우가 가장 먼저 자리에서 벌떡 일어났다.

"어서 오십시오! 추운 날씨에 오시느라 고생 많으셨습니다!"

그의 목소리는 의욕이 넘쳤지만, 필요 이상으로 컸다. 명함을 건네려다 손에 땀이 차서 바닥에 툭 떨어뜨렸고, 허겁지겁 줍느라 허리가 휘청거렸다. 나는 속으로 이렇게 생각했다.

'열정적인 건 알겠는데, 뭔가 조급하다. 계약이 간절한 사람처럼 보이면 오히려 신뢰가 약해지는데….'

곧이어 유서연이 다가왔다.

"어서 오세요. 오늘 오시느라 고생 많으셨죠?"

그녀는 환한 미소를 지었지만, 지나치게 웃으려다 보니 입술이 과하게 말려 올라갔다. 웃음이 커질수록, 오히려 영업용 표정 같다는 느낌이 들었다.

'진심일까? 아니면 영업용 미소일까? 조금만 더 담백했으면 좋았을 텐데….'

마지막으로 김 교수가 천천히 다가왔다. 굳이 서두르지 않고, 여유 있는 걸음으로 내 앞에 섰다.

"반갑습니다. 앉으시죠. 오늘은 편안히 이야기만 나누셔도 됩니다."

그의 목소리는 낮고 일정한 톤이었다. 나는 순간적으로 안도감을 느꼈다.

'아, 이 사람은 준비되어 있구나. 말이 빠르지 않고, 표정이 차분하다. 왠지 신뢰가 간다.'

**고객의 머릿속 체크리스트(첫 3분 법칙)**

고객은 무의식적으로 이런 것을 본다.
**표정** – 긴장된 표정은 불안, 담백한 미소는 신뢰
**목소리** – 빠르면 불안, 차분하면 안정
**속도** – 허둥대면 아마추어, 여유 있으면 전문가
**공간** – 정돈된 사무실은 곧 신뢰의 무대

정민우가 긴장된 손길로 물잔을 내주려다 그만 책상 위에 흘렸다.

"앗, 죄송합니다!"

물방울이 계약서 모서리에 스며들려는 순간, 유서연이 재빨리 휴지를 꺼내 닦았다.

"괜찮습니다. 오히려 첫 만남이 더 오래 기억되실 겁니다. 시원~하게 물처럼!"

고객은 웃음을 터뜨렸다.

'완벽하지 않아도, 인간적인 실수와 재치 있는 수습이 신뢰로 이어질 수 있구나.'

● 고객의 내적 독백 : 이미 결정되는 순간
'솔직히 매물 조건은 아직 듣지도 않았다. 그런데 이 사람들의 태도와 첫 3분 만으로, 70%는 계약할지 말지가 정해졌다. 첫인상은 그만큼 강력하다. 매물은 바꿀 수 있어도, 첫인상은 되돌릴 수 없다.'

김 교수는 두 제자를 향해 차분히 말했다.

"기억하세요. 상담의 시작은 게임의 튜토리얼이 아니라, 곧바로 결승전입니다. 고객의 눈빛은 칼날 같아서, 준비되지 않은 중개사는 그 눈빛에 베입니다. 표정·목소리·속도… 이 세 가지가 신뢰를 결정합니다. 고객은 매물이 아니라 **공인중개사라는 사람**을 먼저 삽니다."

# 표정·목소리·속도,
# 신뢰는 디테일에서 판가름 난다

문이 열리자 30대 초반의 자영업자 부부가 들어왔다. 아내는 두꺼운 파일을 들고 있었고, 남편은 팔짱을 낀 채 굳은 표정이었다. 그들은 앉기도 전에 이미 세 사람을 훑어보고 있었다.

'이 사무실이 믿을 만한 곳일까? 누가 우리 이야기를 진짜로 들어줄까? 그리고… 누가 우리 돈을 안전하게 지켜줄까?'

고객의 눈은 **조건보다 사람**을 먼저 본다. 표정, 목소리, 말하는 속도. 이 세 가지가 첫 3분 안에 이미 점수를 매긴다. 정민우가 먼저 일어섰다.

"어서 오십시오! 오늘 준비한 매물이 아주 좋습니다. 보증금은 5천만 원, 권리금 2천만 원, 월세는 220만 원으로…."

고객 부부는 동시에 눈썹을 찡그렸다. 아내는 고개를 갸웃했고, 남편은 팔짱을 더 꽉 꼈다.

'아직 앉지도 않았는데 조건부터 쏟아낸다고? 이렇게 빠른 말은 불안하다. 뭔가 숨기는 게 있나?'

정민우의 목소리는 지나치게 크고 빨랐다. 정보는 넘쳤지만, 신뢰는 생기지 않았다.

유서연은 환한 미소를 지으며 말했다.

"추운데 오시느라 고생 많으셨죠? 따뜻한 차 드릴게요."

그녀의 친절은 진심이었지만, 목소리가 조금 떨렸다. 높아졌다 낮아졌다, 안정되지 못한 톤이었다.

'좋은데… 왜 이렇게 목소리가 들쭉날쭉하지? 본인도 확신이 없는 건가? 아니면 너무 긴장했나?'

친절은 분명 좋은 인상이었지만, 목소리의 떨림이 신뢰를 약하게 만들었다.

김 교수는 천천히 걸어 나와 악수를 건넸다.

"반갑습니다. 오늘은 고객님들 상황을 먼저 듣고 싶습니다. 조건
은 나중에도 말씀드릴 수 있으니까요."

목소리는 낮고 일정했으며, 속도도 안정적이었다. 급하지 않고, 듣
는 사람의 리듬에 맞추려는 여유가 느껴졌다. 고객 부부의 눈빛이
달라졌다. 아내는 펜을 꺼내 들었고, 남편은 팔짱을 풀고 고개를 끄
덕였다.

'아, 이 사람은 우리 이야기를 먼저 들어주려 하는구나. 목소리만
들어도 여유가 있고, 믿을 수 있겠다.'

정민우가 다시 끼어들었다.

"사실 이 매물은 정말 빨리 계약될 가능성이 높습니다! 지금도 다
른 분이 관심을 보이고 계셔서…."

너무 흥분한 나머지 목소리가 점점 커졌다. 그때 지나가던 택배
기사가 문을 열며 말했다.

"와, 여기 경매장인가요? 목소리가 엄청 크시네."

순간 사무실이 웃음바다가 됐다. 유서연이 농담을 던졌다.

"민우 씨, 목소리가 커서 계약도 빨리 잡아야 할 것 같네요."

정민우는 얼굴이 빨개져 뒷머리를 긁었다.

"아… 제가 또 오버했죠?"

고객 부부도 피식 웃으며 긴장을 풀었다. 고객은 이미 세 사람을
비교하고 있었다.

**정민우 → 정보는 풍부하지만, 빠른 말과 큰 목소리 때문에 불안**
**유서연 → 친절함은 느껴지지만, 목소리 떨림 때문에 확신 부족**
**김 교수 → 차분하고 일정한 속도, 신뢰가 생김**

'결국 매물보다 중요한 건 이 사람들 태도다. 계약서를 누구와 쓰
느냐는 이 순간에 이미 정해진다.'

김 교수는 화이트보드에 크게 썼다.

**표정 = 문을 여는 열쇠**
**목소리 = 문을 지탱하는 기둥**

## 속도 = 문을 닫지 않는 경첩

"여러분, 고객은 계약 조건보다 사람을 먼저 판단합니다. 표정이 진심을 보여주지 않으면, 아무리 좋은 매물도 신뢰를 얻지 못합니다. 목소리가 안정적이지 않으면, 말의 무게가 사라집니다. 속도가 조급하면, 고객은 '뭔가 불리한 걸 숨기나?'라고 생각합니다. 고객의 마음 문은 매물로 여는 게 아니라, 표정·목소리·속도로 여는 겁니다."

● 고객의 마지막 독백

'맞다. 계약은 종이 위에서 결정되는 게 아니라, 첫 만남의 몇 분 안에서 이미 절반 이상은 끝난다. 이 사무실의 매물이 좋았던 건 사실이지만, 결국 나를 설득한 건 그들의 표정과 목소리였다. 나는 매물이 아니라 사람을 산다. 그리고 지금, 그 사람이 보인다.'

# 공간은 눈을 사로잡고,
## 준비는 마음을 사로잡는다

토요일 오후, 40대 초반의 카페 창업 희망자가 사무실 문을 열고 들어왔다. 그의 손에는 작은 스케치북과 볼펜이 들려 있었고, 표정은 잔뜩 경계심을 머금고 있었다.

"안녕하세요. 제가 이번에 카페 자리를 좀 보려고 하는데요."

그는 인사를 마치자마자 자연스럽게 사무실 내부를 훑었다. 벽에 걸린 액자, 계약서 파일, 탁자 위 정리 상태, 의자의 편안함까지.

'여기서 상담을 받으면 믿을 만할까? 이곳의 분위기만으로도 계약을 맡겨도 되는지 아닌지가 드러날 거야.'

고객의 눈은 이미 사람보다 **공간**을 먼저 체크하고 있었다. 정민우의 책상 위는 난리였다. 계약서와 브로셔가 겹겹이 쌓여 있었고, 중간에는 반쯤 먹다 남은 샌드위치가 비닐째 놓여 있었다. 마우스 옆에는 낡은 포스트잇이 붙어 있었는데, 글씨는 번져서 읽을 수도 없었다. 고객은 속으로 중얼거렸다.

'아무리 바빠도 책상은 정리해야 하는 것 아닌가? 이러면 내 계약서도 저 더미 속에 파묻히는 것이 아닌지 걱정되네.'

정민우는 허겁지겁 서류를 정리하다가 그만 도면을 바닥에 떨어뜨렸다. 도면이 바람에 흩날리며 의자 밑으로 굴러갔다.

"앗, 죄송합니다. 금방 정리하겠습니다."

그의 땀방울이 이마를 타고 흘러내렸다. 고객은 인상을 살짝 찌푸렸다. 반면, 유서연의 책상은 달랐다. 흰색 바인더가 차곡차곡 정리돼 있었고, 매물 사진은 카테고리별로 파일에 꽂혀 있었다. 작은 화분 하나와 깔끔한 컵이 책상 위를 채우며 따뜻한 분위기를 냈다. 그녀는 환하게 웃으며 말했다.

"어서 오세요. 앉으세요. 혹시 따뜻한 차 괜찮으세요? 상담하시면서 천천히 보셔도 됩니다."

차를 내오는 동작 하나에도 준비된 태도가 묻어났다. 고객은 속으로 고개를 끄덕였다.

'아, 이 사람은 꼼꼼하구나. 이런 사람에게 내 돈과 시간을 맡겨도 되겠다.'

김 교수는 여유 있는 걸음으로 다가왔다. 그리고 미리 준비해둔 파일을 꺼내놓았다.

"오늘은 고객님이 원하시는 카페 자리에 맞춰 3곳 정도를 준비했습니다. 하나는 1층 25평, 보증금 3천만 원에 월세 180만 원이고, 다른 하나는 역세권 코너 18평, 보증금 5천만 원에 월세 250만 원, 마지막은 신축건물 30평, 보증금 8천만 원에 월세 300만 원입니다. 각각 장단점이 다르니 차근차근 설명해드리겠습니다."

목소리는 차분했고, 속도는 일정했다. 자료는 보기 좋게 인쇄되어 있었고, 주요 지점에는 형광펜 표시가 되어 있었다. 고객은 마음속으로 결정을 내리고 있었다.

'아, 이 사무실은 준비가 돼 있네. 이미 내가 뭘 원하는지 예측하고 준비해온 게 느껴져. 이 사람이라면 믿을 수 있겠다.'

그때 갑자기 정민우가 고객에게 권한 의자가 삐걱거리며 덜컥 주저앉았다. 고객이 화들짝 놀라며 몸을 추슬렀다. 정민우는 얼굴이 하얗게 질렸다.

"아이쿠… 이게 오래돼서… 제가 바로 새 걸로 바꾸겠습니다."

순간 분위기가 어색해졌다. 그러자 김 교수가 웃으며 말했다.

"이 사무실은 의자 하나도 고객님을 오래 붙잡아두려는 모양입니다."

모두가 피식 웃었고, 긴장된 공기가 풀렸다. 고객도 웃으며 말했다.

"이런 건 오히려 기억에 남네요."

계약은 조건표만으로 결정되지 않는다. 정리되지 않은 책상은 준비 부족을 말하고, 깔끔하게 준비된 자료는 신뢰를 심는다. 그리고 사소한 실수조차도 어떻게 수습하느냐에 따라 분위기는 달라진다. 결국 공간은 눈을, 준비는 마음을 잡는다.

김 교수는 두 제자를 향해 차분히 말했다.

"고객은 매물 설명을 듣기 전부터 이미 많은 걸 판단합니다. 사무실의 공기, 책상의 정리 상태, 준비된 자료. 이게 곧 신뢰의 언어입니다. 매물은 어디서든 볼 수 있지만, 공간과 준비에서 느껴지는 신뢰는 여기서만 느낄 수 있습니다. 우리가 잡아야 하는 건 고객의 '눈'과 '마음'입니다."

그리고 화이트보드에 이렇게 썼다.

**공간은 눈을 잡는다. 준비는 마음을 잡는다.**

● 고객의 마지막 독백

'오늘 상담에서 확실히 느꼈다. 나는 결국 매물이 아니라, 사람과 공간을 보고 결정한다. 그리고 준비된 태도에서 계약의 무게가 나온다. 여기라면, 내 첫 창업도 맡길 수 있겠다.'

## 설명보다 강한 건
## '신뢰의 잔상'이다

비 오는 오후, 50대 부부가 사무실을 찾았다. 남편은 회색 우산을 접으며 말했다.

"저희가 작은 분식집을 하나 해보려고 하는데, 마땅한 자리를 못 찾았어요."

아내는 곧장 노트를 꺼내며 덧붙였다.

"저희 예산은 보증금 2천만 원, 권리금 1천만 원, 월세는 120만 원 이하예요. 근처 학교 앞이면 좋겠고요."

세 사람은 동시에 고개를 끄덕였다. 정민우가 먼저 노트를 집어 들며 말했다.

"좋습니다! 제가 바로 조건에 맞는 매물을 보여드리겠습니다!"

정민우는 마치 경매사처럼 빠르게 설명을 쏟아냈다.

"첫 번째 매물은 역 근처 15평, 보증금 2천만 원에 월세 110만 원! 두 번째는 학교 정문 앞 12평, 권리금 900만 원, 월세 120만 원! 세 번째는 유동인구가 많은 20평 코너, 보증금 2500만 원, 월세 130만 원인데 조금 오버되긴 하지만….."

고객 부부는 숫자를 받아 적다가 결국 멈췄다. 남편이 속으로 중얼거렸다.

'조건은 알겠는데, 이상하게 안심이 안 된다. 그냥 숫자만 들으니, 마음속에 그림이 그려지질 않아.'

아내는 남편을 힐끗 보며 속삭였다.

"뭔가… 잘 모르겠지?"

유서연이 나섰다.

"저는 두 번째 매물이 괜찮다고 생각해요. 학교 바로 앞이니까 점심 장사도 잘 되고, 학생 손님이 꾸준히 있을 거예요. 물론 인테리어는 조금 손봐야 할 수도 있습니다."

말은 친절했지만, 결정적인 확신을 주진 못했다. 고객 부부의 얼굴에는 여전히 고민이 묻어났다.

'괜찮다는 건 알겠는데…. 정말 믿고 계약해도 되나? 이 말만으로는 용기가 안 생기네.'

김 교수가 파일을 덮으며 입을 열었다.

"조건은 누구나 말할 수 있습니다. 하지만 조건만 듣고 계약하는 분은 없습니다. 제가 학교 앞에서 10년째 장사하시는 분을 잘 압니다. 그분이 처음 자리를 고를 때도 오늘과 똑같은 조건이었죠. 그런데 지금은 줄 서서 먹는 집이 됐습니다. 왜일까요? 위치가 좋아서가 아닙니다. 그 자리에서 '될 거다'라는 확신을 심어준 사람이 있었기 때문입니다. 저는 오늘 고객님들께도 그 확신을 드리고 싶습니다. 이 두 번째 매물, 학생 유입이 꾸준하고 경쟁 업종이 적습니다. 장사하시다 보면 꾸준히 손님이 쌓일 겁니다."

목소리는 낮았지만 단호했고, 말의 속도는 일정했다. 설명이 아니라, 신뢰가 전해졌다. 고객 부부는 동시에 고개를 끄덕였다.

그때 아내의 우산이 바닥에서 미끄러져 넘어졌다. 펼쳐진 우산이 정민우 다리에 걸리자 그는 균형을 잃고 의자에서 반쯤 굴러 떨어졌다.

"아이고! 괜찮으세요?"

고객 부부가 놀라 묻자, 정민우는 머리를 긁적였다.

"괜찮습니다. 저희 사무실은 고객님 우산도 계약을 향해 확 펴지게 만드는 힘이 있나 봅니다."

모두 웃음을 터뜨렸다. 긴장됐던 공기가 한순간에 풀렸다.

---

● 고객의 내적 독백 : 믿음이 계약을 만든다

남편 : '숫자는 어디서든 들을 수 있다. 하지만 이 사람은 우리 장사까지 상상하게 만들었다. 설명이 아니라, 신뢰가 마음에 남는다.'

아내 : '맞다. 조건표만 보던 때와는 다르다. 김 교수의 말투, 그 차분한 확신이 나를 움직이네. 계약은 결국 믿음에서 나온다.'

---

김 교수는 화이트보드에 이렇게 적었다.

**설명은 머리에 남고, 신뢰는 가슴에 남는다.**

"여러분, 고객은 설명으로 계약하지 않습니다. 설명은 정보를 주지만, 결정을 이끌지는 못합니다. 결국 고객의 마음속에 각인되는 것은 '이 사람이면 되겠다'라는 신뢰입니다. 신뢰는 말투, 태도, 사례, 그리고 차분한 확신에서 만들어집니다. 숫자를 아무리 나열해도, 신뢰가 없다면 계약은 멀어집니다."

● 고객의 마지막 독백
'오늘 상담에서 분명히 느꼈다. 조건은 계산기처럼 어디서나 들을 수 있다. 그러나 신뢰는 사람에게서만 얻을 수 있다. 나는 오늘, 설명이 아니라 신뢰로 계약을 결정했다.'

# 감정을 다스리지 못하면
## 계약도 놓친다

평일 저녁, 30대 초반 부부가 사무실을 찾았다. 남편은 운동복 차림, 아내는 아기띠에 아이를 안고 있었다.

"저희 집 근처에서 치킨집을 알아보려고요. 배달도 하고 홀 장사도 같이 하고 싶습니다."

조건은 명확했다. 보증금 3천만 원, 권리금 2천만 원, 월세 200만 원. 최소 25평 이상이어야 배달과 홀 운영을 동시에 할 수 있었다. 부부의 얼굴에는 피곤이 가득했지만, 눈빛은 날카로웠다. '오늘 제대로 못 만나면, 다시는 이 사무실 안 올 거야' 그런 기류가 느껴졌다. 정민우가 가장 먼저 자료를 꺼냈다.

"네! 준비한 매물은… 여기… 아, 잠깐만요…."

그는 파일을 뒤적이다 종이를 떨어뜨렸다. 사진들이 바닥으로 우수수 흩어졌다. 정민우는 허겁지겁 주워 담으며 얼굴이 벌겋게 달아올랐다.

"죄송합니다. 여기 매물은 27평이고, 보증금은… 3천만 원에 월세 210만 원입니다. 권리금은 1,800만 원이고요."

목소리는 빨라졌고, 설명은 꼬였다. 고객 부부의 표정은 금세 굳어졌다. 아내는 속으로 생각했다.

'저렇게 긴장해서 제대로 설명도 못하는데, 계약서 쓸 땐 괜찮으려나?'

유서연이 재빨리 분위기를 수습하려 했다.

"아, 이 매물은 사실 주변에 학원가가 많아서 저녁 장사가 잘 되는 곳이에요. 특히 치킨 배달은…."

그런데 목소리가 떨리고 있었다. 고객이 날카롭게 쳐다보자 순간적으로 시선이 흔들렸다. 아무리 웃으려 해도 입술 끝이 딱딱하게 굳어 있었다. 남편은 속으로 중얼거렸다.

'진짜 자신 있는 게 맞나? 아니면 그냥 던지는 말인가?'

김 교수가 천천히 자리에서 일어섰다. 그는 바닥에 흩어진 종이를 차분히 모아 정민우에게 건넸다.

"괜찮아요. 누구나 실수할 수 있죠. 중요한 건 어떻게 회복하느냐입니다."

그리고 고객에게 고개를 숙였다.

"지금 많이 불안하셨죠? 그런데 저희가 준비한 이 매물은 조건뿐 아니라 운영 가능성에서도 맞춤형입니다. 근처 원룸촌과 학원가가 동시에 있어, 배달과 홀 영업이 함께 굴러갑니다. 여기서 중요한 건 숫자가 아니라, '이 자리가 손님 흐름에 맞는가'입니다. 저희는 그걸 이미 체크했습니다."

목소리는 낮고 일정했고, 시선은 흔들림이 없었다. 부부는 잠시 서로를 바라보더니, 표정이 풀렸다. 아내는 속으로 생각했다.

'아… 이 사람은 다르다. 흔들리지 않고, 우리 상황을 정확히 짚네.'

바로 그때, 정민우의 배에서 "꾸르륵" 소리가 났다. 치킨 이야기를 하던 중이라 더 크게 들렸다. 순간 모두가 웃음을 터뜨렸다.

김 교수가 농담을 던졌다.

"이 정도면 매물 브리핑이 아니라, 미리 시식 홍보까지 한 것 같군요."

고객 부부도 웃음을 터뜨리며 긴장이 풀렸다. 아내가 말했다.

"사실 저희도 치킨 냄새만 맡아도 기분이 좋아져요."

● 고객의 내적 독백 : 감정은 신뢰를 흔든다
남편 : '처음엔 불안했는데, 결국 차분히 설명하는 사람이 신뢰를 준다. 긴장하거나 흔들리면 바로 티가 난다. 오늘은 확실히 배웠다. 우리가 찾는 건 조건표가 아니라, 흔들림 없는 신뢰다.'
아내 : '맞다. 설명만 잘하는 건 소용없다. 결국 믿을 만한 태도가 있어야 마음이 움직인다.'

김 교수는 두 제자를 향해 말했다.

"여러분, 고객 앞에서 감정이 흔들리면 바로 티가 납니다. 긴장은 목소리에서, 불안은 표정에서, 조급함은 말의 속도에서 드러납니다.

그 순간, 고객은 '이 사람에게 계약을 맡겨도 될까?' 하고 의심합니다. 그래서 중요한 건 실수를 피하는 게 아니라, **흔들림을 즉시 제어하는 힘**입니다. 호흡을 가다듬고, 시선을 고정하고, 목소리를 낮추세요. 그것만으로도 신뢰는 회복됩니다."

김 교수는 화이트보드에 크게 썼다.

**실수는 잊히지만, 흔들림은 각인된다.**

● 고객의 마지막 독백
'오늘 상담은 매물보다 더 큰 걸 가르쳐줬다. 계약은 결국 사람의 태도에서 결정된다. 흔들리는 감정을 다스릴 수 있는 사람, 우리는 그 사람과 계약하고 싶다.'

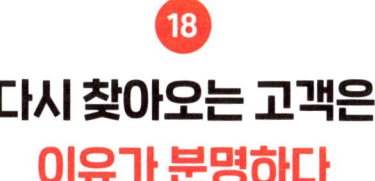

# 다시 찾아오는 고객은
# 이유가 분명하다

    토요일 늦은 오후, 40대 초반 여성 고객이 사무실 문을 열고 들어왔다. 그녀는 손에 장바구니를 들고 있었고, 장을 보다가 들른 듯한 차림이었다.

    "혹시 근처에 작은 네일샵 자리 있나요? 10평 정도면 되고, 월세는 100만 원 이했으면 해요."

    말투는 조심스러웠지만, 눈빛은 확고했다.

    '오늘은 그냥 정보만 얻고 가야지. 바로 계약할 생각은 없어.'

    김 교수, 정민우, 유서연은 동시에 고개를 끄덕였다. 정민우가 자료를 꺼내 들며 말했다.

"여기 있습니다. 면적 9평, 보증금 1천만 원, 월세 90만 원. 그리고 또 하나는 면적 11평, 보증금 1,500만 원, 월세 100만 원입니다. 조건은 이 정도가 가장 적합합니다."

말은 명확했지만, 그 이상도 이하도 없었다. 고객은 노트에 숫자만 적고 있었다.

'좋은 정보네. 그런데 여기 말고도 다른 데서도 들을 수 있겠지.'

상담은 깔끔했지만, 특별한 여운은 남지 않았다. 유서연이 고객의 눈을 바라보며 말했다.

"고객님, 혹시 가게를 직접 운영하실 건가요?"

"네, 제가 직접 할 거예요. 손님들과 소통하는 게 좋아서요."

유서연은 고개를 끄덕이며 미소 지었다.

"아, 그렇군요. 사실 네일샵은 단골이 생기면 정말 안정적이에요. 그래서 위치만큼 중요한 게 분위기예요. 손님이 들어오자마자 '아, 편하다' 하는 공간을 만들면 오래오래 찾아오세요. 오늘 보여드릴 2곳 중 1곳은 창이 넓어서 햇살이 들어오거든요. 그게 고객에게는 정말 큰 차이예요.”

고객의 눈빛이 살짝 반짝였다.

‘맞아, 나는 공간 분위기를 중요하게 생각하지. 이 말은 다른 데서는 못 들었던 이야기네.’

김 교수가 차분히 말을 이었다.

“고객님, 매물은 많습니다. 하지만 중요한 건 고객님께 맞는 자리가 딱 정해져 있다는 겁니다. 오늘은 조건만 보고 가셔도 괜찮습니다. 다만 제가 작은 제안을 드리고 싶습니다. 여기 카드에 제 휴대폰 번호와 카카오톡 QR코드가 있습니다. 혹시라도 밤에 갑자기 궁금한 점이 생기면 편하게 메시지 주십시오. 저는 언제든 답해드리겠습니다. 그리고 일주일 안에 제가 직접 발품을 더 팔아서, 고객님께 맞는 추가 매물을 정리해드리겠습니다.”

목소리는 차분했고, 태도는 진지했다. 고객은 순간 마음이 움직였다.

‘이 사람은 단순히 매물을 던져주는 게 아니네. 다시 오게끔 끌어당기는 뭔가가 있구나.’

상담이 끝나갈 무렵, 고객이 장바구니를 들어 올리다가 사과 한 알이 굴러 떨어졌다. 정민우가 황급히 주워들더니 말했다.

"아, 이 사과도 우리 사무실의 단골이 되고 싶나 봅니다!"

모두가 웃음을 터뜨렸다. 고객은 잠시 경계심을 풀고 환하게 웃었다.

● 고객의 내적 독백 : 기억은 이렇게 심어진다
'처음에는 그냥 정보만 얻고 가려고 했다. 그런데 여기서는 달랐다. 단순히 매물을 나열한 게 아니라, 내 상황을 묻고 공감해줬다. 그리고 다시 오게끔 작은 연결 고리를 만들어줬다. 오늘은 계약하지 않더라도, 다음엔 꼭 다시 찾아와야겠다.'

김 교수는 두 제자를 향해 차분히 말했다.

"여러분, 상담의 목표는 고객을 웃으며 보내는 게 아닙니다. 다시 오게 만드는 겁니다. 정보만 주면 잊히고, 공감과 약속은 기억에 남습니다. 고객이 우리를 떠올리게 만드는 건 큰 설명이 아니라, 작은 기억 장치입니다."

화이트보드에 이렇게 적었다.

**정보는 잊히고, 기억은 돌아온다.**

● 고객의 마지막 독백

'오늘 상담은 계약으로 끝나지 않았다. 하지만 나는 확실히 마음에 새겼다. 여기라면 다시 와야 한다는 걸. 결국 계약은 단 한 번의 상담이 아니라, 다시 오는 발걸음에서 시작된다.'

# 말은 계약을 만든다

### 질문·요약·제안의 대본을 써라

# 19

# 계약을 멀어지게 하는
# 말부터 버려라

비 오는 화요일 오후, 젊은 부부가 아기를 유모차에 태우고 사무실에 들어왔다.

"저희가 아이 키우면서 할 수 있는 작은 디저트 가게를 생각 중인데요. 보증금은 2천만 원, 월세는 130만 원 이하였으면 좋겠습니다."

눈빛은 호기심과 불안이 섞여 있었다. 그들의 머릿속은 이미 '여기서 계약할지 말지'를 시험하는 중이었다. 정민우가 먼저 나섰다.

"아, 이 매물은 빨리 결정 안 하시면 다른 분이 가져가실 겁니다. 그리고 솔직히 지금이 적기예요. 오늘 계약 안 하시면 손해십니다."

고객 부부는 순간 얼굴이 굳었다. 아내는 속으로 생각했다.

'왜 이렇게 몰아붙이지? 마치 우리가 당장 결정하지 못하면 손해 보는 사람처럼 들리네.'

남편은 손을 꼭 잡으며 아내에게 눈짓했다.

'이런 분위기 싫지? 우리 그냥 다른 데 가도 되겠다.'

사무실 공기가 서늘해졌다. 유서연이 급히 수습하려 나섰다.

"사실 저도 처음 창업할 때 고민이 많았어요. 그래서 고객님 마음 충분히 이해해요. 천천히 생각하시고, 결정은 나중에 하셔도 괜찮습니다."

고객 부부는 조금 안심했지만, 마음이 열리지는 않았다.

'이해해주는 건 고마운데… 뭔가 확실히 끌어당기는 힘이 없네.'

김 교수가 차분히 입을 열었다.

"고객님, 이 자리라면 안정적인 장사가 가능합니다. 왜냐하면 바로 맞은편에 초등학교와 학원가가 있어서 오후 3시부터 유동인구가 몰리거든요. 이미 비슷한 업종 2곳이 5년 넘게 영업 중인데, 그만큼 자리가 검증된 겁니다. 제가 드릴 수 있는 말씀은 단순합니다. **'이 매물은 고객님께 맞습니다. 그리고 장사도 잘되실 겁니다'** 이건 제가 직접 현장에서 확인했기 때문에 드리는 확신입니다."

목소리는 조급하지 않았고, 표정은 단호했다. 고객 부부는 동시에 고개를 끄덕였다.

정민우가 다시 끼어들며 말했다.

"그래도 빨리 계약하시는 게 이득입니다! 제가 장담합니다!"

그 순간, 고객 아기가 갑자기 울음을 터뜨렸다.

"와아앙-!"

유서연이 황급히 말했다.

"민우 씨, 아기도 지금 '조급한 말투는 싫다'라고 항의하는 것 같네요."

모두 웃음을 터뜨렸고, 분위기가 다시 풀렸다. 고객 부부도 미소를 지으며 긴장을 내려놓았다.

김 교수는 두 제자를 향해 차분히 말했다.

"고객 앞에서 금지 멘트가 있습니다. '빨리 결정하지 않으면 손해
다', '지금 안 하면 늦는다' 같은 조급한 말은 고객을 떠나게 만듭니
다. 대신 확신형 멘트를 사용해야 합니다. **'이 매물은 고객님께 적합
합니다', '제가 현장에서 확인했기 때문에 말씀드립니다'** 이런 말은
고객의 마음을 편안하게 하고, 결정을 당기게 합니다. 고객은 조건
보다 **확신의 톤**을 선택합니다."

김 교수는 화이트보드에 크게 적었다.

**금지 멘트는 고객을 밀어내고, 확신 멘트는 고객을 끌어당긴다.**

● 고객의 마지막 독백

'오늘 상담에서 확실히 느꼈다. 계약은 결국 조건이 아니라 말에서 시작된다. 나는 조급한 말이 아니라, 신뢰의 말에 마음을 주기로 했다. 계약은 말로 만들어진다.'

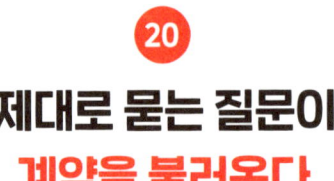

## 제대로 묻는 질문이
## 계약을 불러온다

토요일 오전, 30대 초반 남성이 사무실을 찾았다. 평범한 셔츠 차림에 손에는 작은 다이어리 하나가 들려 있었다.

"안녕하세요. 제가 혼자 작은 피자 배달 가게를 내보려고 합니다. 보증금 2천만 원, 권리금 1천만 원, 월세는 150만 원 선에서 찾고 있어요."

조건은 간단했다. 하지만 목소리에는 묘한 망설임이 배어 있었다.

'내가 정말 장사를 잘할 수 있을까? 지금 창업하는 게 맞을까? 이게 마지막 기회일지도 모르는데….'

숫자보다 큰 고민이 숨어 있었다. 정민우가 곧장 자료를 펼쳤다.

"네, 고객님! 이 매물 보시면 딱입니다. 18평이고, 보증금 2천만 원에 월세 140만 원. 유동인구 많고, 바로 옆에 편의점도 있어서 시너지 효과가⋯."

고객은 고개를 끄덕였지만, 표정은 굳어 있었다.

'조건은 알겠는데⋯ 내 마음속 고민은 아무도 모르네.'

유서연이 미소를 지으며 고객에게 물었다.

"혹시 가게를 직접 운영하시나요? 아니면 직원분을 두실 계획이신가요?"

고객은 잠시 머뭇거리다 대답했다.

"제가 직접 하려고요. 사실 직원 쓸 여유가 없거든요."

"그렇군요. 그럼 혹시 하루에 몇 시간 정도 일할 수 있으실까요?"

"⋯ 솔직히 자신은 없어요. 지금도 배달 알바를 하고 있는데, 체력이 버틸 수 있을지 모르겠습니다."

그제야 고객의 진짜 고민이 흘러나오기 시작했다.

김 교수가 고개를 끄덕이며 조용히 물었다.

"고객님, 제가 한 가지 여쭤봐도 될까요? 가게를 내는 게 목표이신가요, 아니면 안정적인 수입을 만드는 게 목표이신가요?"

고객은 순간 멈췄다. 다이어리를 꼭 쥐며 중얼거렸다.

"…사실은 수입이 더 중요합니다. 부모님 생활비도 제가 도와드려야 해서요. 가게를 내는 건 수단일 뿐이에요."

그제야 모두가 고개를 끄덕였다. 숫자가 아니라, 고객의 **삶의 맥락**이 드러난 순간이었다.

그때 사무실 문이 열리며 배달 기사가 들어왔다.

"피자 배달 왔습니다!"

정민우가 황급히 대답했다.

"저희는 주문 안 했는데요?"

배달 기사가 영수증을 확인하더니 웃으며 말했다.

"아, 옆 사무실이었네요. 죄송합니다."

고객도 웃음을 터뜨렸다.

"하하, 제가 피자 가게 이야기를 하니, 우주가 벌써 반응했나 봅니다."

분위기는 한층 가벼워졌다.

● 고객의 내적 독백 : 질문이 마음을 연다
'조건만 들으면 그냥 정보다. 하지만 "목표가 가게냐, 수입이냐"라는 질문 하나에 내 속마음이 열렸다. 내가 진짜 원하는 게 뭔지 스스로도 명확해졌다. 이런 상담이라면, 계약도 믿고 맡길 수 있겠다.'

김 교수는 두 제자를 향해 말했다.

"고객의 고민은 숫자 뒤에 숨어 있습니다. 조건만 설명하면 고객은 '정보를 얻었다'라고 생각하고 떠납니다. 하지만 질문을 던지면, 고객은 자기 고민을 스스로 말하게 됩니다. 그 순간 우리는 단순한 공인중개사가 아니라, **고객의 파트너**가 됩니다. 기억하세요. **설명은**

귀로 듣고 흘리지만, 질문은 마음을 열고 남습니다."

김 교수는 화이트보드에 이렇게 썼다.

**좋은 공인중개사는 정보를 주고, 탁월한 공인중개사는 질문을 던진다.**

● 고객의 마지막 독백
'오늘은 매물 조건보다, 내 인생의 목적을 돌아보게 됐다. 단순히 "얼마짜리 매물이 있나"가 아니라, "내가 왜 이 장사를 하려는가"라는 답을 찾게 해줬다. 이 사무실은 매물을 파는 곳이 아니라, 내 고민을 들어주는 곳이었다. 그래서 다시 오고 싶다.'

# 21
# 요약은
# 고객의 혼란을 정리하는 기술이다

월요일 오전, 40대 초반 남성이 사무실 문을 열고 들어왔다. 양복 차림에 서류가방까지 들고 있었지만, 얼굴은 피곤에 절어 있었다.

"제가 이번에 분식집을 좀 알아보려고 합니다. 그런데 조건이⋯ 음⋯ 보증금은 3천만 원 정도고, 월세는 200만 원 안쪽이 좋습니다. 근데 또 너무 좁으면 안 되고, 20평 이상은 돼야 하고⋯ 사실 권리금은 조금 줄였으면 좋겠는데, 아내는 또 인테리어를 중시하고요. 그리고⋯ 어세 보니까 골목길에 새로 나온 매물노 괜찮아 보이넌데, 문제는 주차가 없어서⋯."

그는 쉼 없이 말했지만, 내용은 산만했다. 정민우와 유서연은 눈빛을 교환했다. 조건을 말하고 있었지만, 정작 본인조차 **뭘 원하는지 정리되지 않은 상태**였다. 정민우가 열심히 메모하며 맞장구를 쳤다.

"네, 맞습니다. 월세는 200만 원 안쪽, 평수는 20평 이상, 인테리어도 중요하고, 주차도 고려해야 하고⋯."

하지만 고객이 계속 말을 이어가자, 정민우의 노트는 점점 지저분해졌다. 결국 그는 고객을 따라가느라, 스스로도 길을 잃었다. 고객은 속으로 중얼거렸다.

'내가 무슨 말을 했는지 나도 정리가 안 되네. 이 공인중개사도 나랑 같이 헤매는 것 같아.'

유서연이 고개를 끄덕이며 말했다.

"고객님 말씀 이해합니다. 창업이라는 게 정말 신경 쓸 게 많죠. 저라도 고민이 많을 것 같아요."

공감은 됐지만, 고객은 답답했다.

'이해해주는 건 고마운데⋯ 결국 내가 뭘 원한다는 건가? 머릿속이 여전히 복잡하네.'

김 교수가 손바닥을 펴며 차분히 말했다.

"고객님, 지금 말씀을 정리해보겠습니다. 첫째, 보증금은 3천만 원 정도. 둘째, 월세는 200만 원 이하. 셋째, 평수는 최소 20평 이상. 넷째, 인테리어는 깔끔해야 하고, 다섯째, 주차는 가능하면 있으면 좋다. 즉, **넓고 깔끔하며 월세 부담이 적은 매물**을 원하신다는 거죠. 제가 맞게 이해했습니까?"

고객은 눈을 크게 뜨더니 고개를 끄덕였다.

"맞습니다! 제가 하려던 말을 교수님이 딱 정리해주시네요. 제가 이걸 말하면서도 제 머릿속이 정리가 안 됐거든요."

순간 고객의 표정이 한결 편안해졌다.

정민우가 갑자기 농담을 던졌다.

"교수님은 공인중개사가 아니라, '정리왕' 같습니다. 고객님 말씀을 듣자마자 초등학교 받아쓰기처럼 깔끔하게 정리하시네요."

고객이 크게 웃었다.

"하하, 진짜 그렇네요. 제가 굉장히 산만하게 이야기했는데, 이렇게 정리해주시니 속이 다 시원합니다."

사무실 분위기는 한층 부드러워졌다.

● 고객의 내적 독백 : 요약이 주는 힘
'조건은 내가 말했지만, 정리가 안 되니까 나조차 불안했다. 그런데 이 사람이 내 말을 요약해주니, 마치 내 고민이 정리된 것 같다. 설명을 듣는 것보다, 내 말을 요약해주는 게 더 큰 신뢰를 준다. 이제는 이 사무실에서 계약해야겠다는 생각이 든다.'

김 교수는 두 제자를 향해 말했다.

"고객은 종종 본인도 모르게 산만하게 말합니다. 조건이 많아질수록 스스로 정리가 안 돼 불안해집니다. 그럴 때 공인중개사가 해줘야 할 것은 새로운 설명이 아닙니다. 바로, **고객의 말을 요약해주는 것**입니다. 요약은 단순히 정리 차원이 아니라, 고객의 마음을 편안하게 만드는 힘입니다. '이 사람이 내 말을 정확히 이해했다'라는 신뢰가 생기는 순간, 계약으로 이어질 수 있습니다."

김 교수는 화이트보드에 이렇게 적었다.

**설명은 머리를 채우고, 요약은 마음을 정리한다.**

● 고객의 마지막 독백

'오늘 상담에서 가장 인상 깊었던 건 매물 조건이 아니었다. 내 이야기를 제대로 듣고, 요약해준 그 한마디였다. 결국 계약은 정보를 주는 사람이 아니라, 내 마음을 정리해주는 사람과 한다.'

# 22
# 조건이 아니라
# '이유'를 팔아라

수요일 오후, 30대 중반 남성이 사무실을 찾았다.

"저는 작은 커피 전문점을 생각하고 있는데요. 보증금 5천만 원, 월세 250만 원 이하, 평수는 15평 정도요. 조건은 이 정도로 맞춰주시면 됩니다."

그의 말투는 단호했다.

'조건만 맞으면 계약하지 뭐. 다른 건 필요 없어.'

하지만 표정 속에는 '내가 과연 성공할 수 있을까?'라는 불안이 숨어 있었다. 정민우가 곧장 자료를 꺼냈다.

"여기 있습니다. 16평, 보증금 5천만 원, 월세 240만 원. 그리고 또 다른 매물은 15평, 보증금 4천만 원, 월세 200만 원. 조건은 고객님 말씀하신 것과 거의 일치합니다."

고객은 숫자를 받아 적었지만, 눈빛은 여전히 공허했다.

'조건은 맞는데… 왜 마음이 안 움직이지?'

유서연이 차분히 웃으며 말했다.

"고객님, 혹시 어떤 손님을 가장 많이 만나고 싶으신가요?"

"음… 직장인들이요. 점심에 테이크아웃 손님이 많았으면 합니다."

"그렇군요. 그러면 두 번째 매물은 조건은 맞지만, 주변에 사무실 밀집도가 낮아요. 반면 첫 번째 매물은 바로 맞은편에 200명 규모의 콜센터가 있습니다. 직원들이 점심마다 몰려 나오거든요. 그래서 단순히 '평수·보증금' 조건만 보면 두 매물이 비슷하지만, **이유를 보면 첫 번째 매물이 훨씬 유리합니다.**"

고객의 눈빛이 달라졌다.

'아, 이런 게 진짜 이유구나. 조건만 봤을 때는 몰랐네.'

김 교수가 이어받았다.

"창업에서 중요한 건 조건이 아니라, 이유입니다. 왜 이 매물이 장사가 될 수밖에 없는지, 왜 고객님의 목표와 맞는지를 설명해드려야 합니다. 조건은 누구나 보여줄 수 있습니다. 하지만 이유는 경험과 분석이 있어야만 말할 수 있습니다. 오늘 고객님께 추천해드리는 첫 번째 매물은 단순히 평수와 금액이 맞아서가 아닙니다. '점심시간 직장인 유입'이라는 이유가 있기 때문에 제가 확신하는 겁니다."

고객은 고개를 끄덕이며 메모를 덮었다.

'이제 조건보다 중요한 걸 알겠다. 내 가게가 왜 잘될 수 있는지를 설명해주는 사람이 필요했어.'

그 순간, 사무실 안에 갑자기 진한 커피 냄새가 퍼졌다. 정민우가 황급히 주방 쪽을 확인하더니, 전기포트에 커피 믹스를 넣어둔 걸 깜빡한 것이었다. 포트에서 커피가 넘쳐 바닥에 떨어지고 있었다.

"앗, 죄송합니다! 제가 실수했네요."

고객이 웃으며 말했다.

"오히려 잘됐네요. 커피 냄새 맡으니 진짜 제가 카페 차린 것 같아요."

유서연이 재치 있게 덧붙였다.

"오늘 상담은 '조건 상담'이 아니라 '향기 상담'이네요. 이유가 있으니, 고객님 마음도 움직이시죠?"

사무실 안에 웃음이 번졌다.

● 고객의 내적 독백 : 이유가 마음을 움직인다
'조건은 내 계산기를 만족시킨다. 하지만 이유는 내 마음을 움직인다. 오늘 상담에서 확실히 느꼈다. 계약은 숫자가 아니라, 내가 성공할 수 있다는 '이유'에서 시작된다.'

김 교수는 화이트보드에 크게 적었다.

**조건은 비교를 낳고, 이유는 선택을 낳는다.**

"조건만 제시하면 고객은 다른 사무실과 비교합니다. 하지만 이유를 제시하면 고객은 그 자리에 마음을 둡니다. 조건은 종이에 남지만, 이유는 고객의 가슴에 남습니다."

'오늘은 매물 조건만 얻으러 왔는데, 오히려 내 마음속 이유를 찾고 간다. 내가 가게를 차리는 이유, 이 자리가 맞는 이유. 그걸 설명해준 이 사무실에 신뢰가 생겼다. 계약은 조건이 아니라 이유에서 결정된다.'

# 망설임을 결심으로 바꾸는
# 대본이 필요하다

금요일 오후, 50대 초반 부부가 사무실에 들어왔다.

"저희가 분식집을 하나 해보려고 하는데… 사실은 아직 확신이 안 서서요."

아내가 덧붙였다.

"보증금 3천만 원, 권리금 1,500만 원, 월세는 180만 원 정도 생각하고 있어요. 그런데 저희가 장사 경험이 없다 보니, 결정이 자꾸 미뤄지네요."

두 사람의 눈빛은 이미 '망설임'으로 가득 차 있었다. 정민우가 바로 말했다.

"이 매물은 고민할 게 없습니다. 조건 딱 맞고, 지금 안 하면 바로 나갈 겁니다. 오늘 계약하시는 게 현명하세요."

남편은 고개를 저었다.

'왜 이렇게 밀어붙이지? 지금 결정을 못 하는 게 문제인데, 오히려 부담만 주네.'

아내도 눈길을 피했다.

'조급한 말은 오히려 더 망설이게 해.'

유서연이 부드럽게 말했다.

"고객님 마음 충분히 이해합니다. 장사라는 게 큰 결정이잖아요. 저라도 고민 많이 했을 거예요."

부부는 고개를 끄덕였지만, 여전히 답답한 표정이었다.

'공감은 고마운데… 그래서 어떻게 해야 한다는 거지?'

김 교수가 차분히 말했다.

"고객님, 지금 망설이시는 건 세 가지 이유 때문일 겁니다. 첫째, 경험이 없어서 두려움. 둘째, 투자금이 들어가니 돈이 묶이는 부담. 셋째, 장사가 잘 될까 하는 불안. 제가 드릴 말씀은 단순합니다. 첫 번째 두려움은, 바로 옆에서 20년째 장사하는 분이 계신데 지금도 장사가 잘 되고 있다는 사실로 해소할 수 있습니다. 두 번째 부담은, 권리금 일부를 조정할 수 있는 협상 여지를 제가 확보해뒀습니다. 세 번째 불안은, 이 골목이 매일 저녁마다 학원생과 직장인들로 붐빈다는 유동인구 조사로 해소할 수 있습니다. 즉, **이 매물은 '망설일 이유가 사라지는 자리'입니다.**"

부부의 눈빛이 흔들리며 차츰 밝아졌다. 그때 정민우가 갑자기 리모컨을 꺼내 들더니 실수로 에어컨을 켰다. 찬바람이 갑자기 휘몰아치자, 고객 부부가 놀라 움찔했다. 정민우가 당황하며 말했다.

"앗, 죄송합니다! 제가 고객님들의 결정을 '쿨하게' 만들어드리려고 버튼을 눌렀나 봅니다."

순간 사무실 안에 웃음이 번졌다. 긴장된 공기가 풀리며, 고객의 마음도 조금 더 가벼워졌다.

남편 : '우린 계속 망설였는데, 이 사람은 우리 고민을 세 가지로 딱 정
　　　리해줬다. 그 자리에서 바로 해결책까지 주니 마음이 편해졌
　　　다.'
아내 : '결정은 결국 누가 내 고민을 풀어주는지에 달려 있구나. 설명
　　　이 아니라, 준비된 '결정 대본'이 마음을 움직인다.'

김 교수는 화이트보드에 크게 적었다.

**망설임은 불안을 키우고, 대본은 결정을 만든다.**

"고객은 대부분 망설입니다. 그때 그냥 '천천히 생각하세요'라고
말하면 기회는 사라집니다. 반대로 '지금 안 하면 늦습니다'라고 조
급하게 밀어붙이면 고객은 떠납니다. 그래서 공인중개사는 반드시
'결정 대본'을 준비해야 합니다. 고객이 흔히 망설이는 세 가지 이유
를 미리 파악하고, 각각에 대한 해답을 준비해두는 겁니다. 그 대본
이 있으면, 고객은 '이 사람은 내 상황을 정확히 알고 있구나'라는
신뢰를 갖습니다. 그 신뢰가 결국 결정을 만듭니다."

● 고객의 마지막 독백

'오늘 상담은 단순히 매물 조건을 본 게 아니었다. 우리의 망설임이 어디서 오는지, 어떻게 넘어설 수 있는지 알게 됐다. 계약은 결국 준비된 말, 준비된 대본에서 나온다. 그래서 오늘, 우리는 마음을 결정했다.'

# 계약을 끌어내는 말은
# 따로 있다

토요일 오후, 40대 초반의 여성 고객이 사무실에 들어왔다.

"안녕하세요. 이번에 작은 김밥 가게를 생각하고 있어요. 보증금 2천만 원, 권리금 1천만 원, 월세는 150만 원 이하인 자리 있나요?"

목소리는 차분했지만, 이미 여러 중개사무소를 들른 듯 피곤한 기색이 역력했다.

'어디를 가도 다 똑같은 설명뿐이네. 오늘도 그냥 조건만 듣고 끝나려나….'

정민우가 반갑게 자료를 내밀었다.

"네, 있습니다! 평수 13평, 보증금 2천만 원, 월세 140만 원. 조건

딱 맞습니다. 한번 보시겠어요?"

고객은 고개를 끄덕였지만, 눈빛은 여전히 공허했다.

'조건이야 맞지만, 왜 여기서 해야 하는지는 안 보이네.'

유서연이 부드럽게 미소 지으며 말했다.

"고객님께 잘 맞는 자리 같아요. 조용한 골목이긴 하지만, 근처에 초등학교가 있어서 아이들 하교 시간에는 손님이 많습니다. 천천히 고민하시고, 혹시 다른 매물도 필요하시면 언제든 말씀해주세요."

고객은 안심은 했지만, 마음이 움직이지 않았다.

'친절하긴 한데, 그냥 정보와 위로일 뿐… 결정할 용기가 생기진 않아.'

김 교수가 차분히 고객을 바라보며 말했다.

"고객님, 제가 이렇게 말씀드리겠습니다. **이 자리는 고객님이 찾던 바로 그 자리입니다. 조건도 맞고, 무엇보다 장사가 잘될 이유가 분명합니다. 저도 이 자리라면 주저하지 않고 선택합니다.** 왜냐하면,

이 골목은 아침에는 직장인, 오후에는 학부모, 저녁에는 배달 수요까지 모두 잡을 수 있는 곳이기 때문입니다. 즉, 하루 종일 고객 흐름이 끊기지 않는 자리입니다.”

말은 단순했지만, 목소리에는 확신이 담겨 있었다. 고객의 눈빛이 흔들렸다.

‘이 사람은 단순히 조건을 말하는 게 아니네. 결정을 이끌어내는 말을 하고 있구나.’

정민우가 분위기를 더 띄우려고 계약서 파일을 꺼내다 그만 엎질렀다. 계약서와 볼펜이 바닥에 흩어졌다. 그는 허겁지겁 주우며 말했다.

“보세요, 계약서도 고객님 선택을 기다리다 못해 뛰쳐나왔습니다!”

순간 사무실 안에 웃음이 터졌다. 고객도 피식 웃으며 긴장을 풀었다.

'조건은 어디서나 들을 수 있다. 친절한 말도 위로는 되지만, 결정을 이끌진 못한다. 그런데 이 사람의 한마디는 다르다. "저도 이 자리라면 선택한다"라는 확신이 내 망설임을 밀어내고 있다.'

김 교수는 두 제자를 향해 말했다.

"계약을 부르는 말은 따로 있습니다. 조건만 말하는 건 설명이고, 친절하게 말하는 건 위로에 불과합니다. 하지만 **확신형 멘트**는 고객의 결정을 이끌어냅니다. 기억하세요. 고객은 '정보'로 움직이지 않고, '확신'으로 움직입니다."

김 교수는 화이트보드에 이렇게 적었다.

**조건은 설명, 친절은 위로, 확신은 계약이다.**

'오늘 상담은 달랐다. 그냥 조건이 아니라, 내 마음을 움직이는 확신을 들었다. 결국 계약은 말로 만들어진다. 그리고 그 말은, 계약을 부르는 말이어야 한다.'

# 설득의 심리학
## 당사자별 다른 문을 열어라

# 상가 주인은
# 논리보다 분위기에 움직인다

늦은 오후, 합동 사무실로 전화가 걸려왔다.

"여보세요, 제가 건물 하나를 가지고 있는데, 지금 1층이 공실이라 세를 주려고 합니다."

목소리에서 미묘한 권위와 동시에 불만이 섞여 있었다. **월세는 350만 원, 보증금은 5천만 원**. 조건만 보면 괜찮았다. 그런데 막상 만나 보니 건물주의 표정이 잔뜩 굳어 있었다.

"지난번 중개사무소에서 세입자 보여주겠다고 해놓고, 정작 연락도 없더라고요. 괜히 기대했다가 기분만 상했습니다."

그 순간, 정민우가 잽싸게 메모를 하며 중얼거렸다.

"오늘 분위기… 심상치 않네요."

정민우가 곧장 자료를 꺼내들었다.

"건물주님, 이 건물 위치가 초등학교 정문 앞이고, 유동인구가 하루 1만 명 이상입니다. 최근 상권 분석 자료를 보면 보증금 대비 월세 수익률이 6.3%로, 세입자 수요가 확실합니다."

말은 옳았다. 하지만 건물주는 시큰둥했다.

"자료가 문제가 아니에요. 제가 세 번이나 공실을 겪었는데, 매번 말만 번지르르했지, 결과는 없었거든요."

정민우의 얼굴이 붉어졌다.

'아차, 논리로 밀어붙이면 될 줄 알았는데, 분위기를 못 읽었네.'

유서연이 커피를 내려 건물주 앞에 내밀었다.

"오늘 날씨가 많이 쌀쌀하네요. 건물주님, 혹시 이 근처 오래 거주하셨어요?"

건물주가 의외라는 듯 고개를 끄덕였다.

"예, 벌써 20년이 넘었죠. 애들도 여기서 다 컸습니다."

그때부터 이야기는 풀리기 시작했다. 건물주가 동네 추억을 이야기하기 시작했고, 목소리가 한결 부드러워졌다.

'그래, 이분이 원하는 것은 수치가 아니라 **내 건물을 존중해주는 태도**였구나.'

김 교수가 조용히 대화를 이어받았다.

"건물주님, 제가 이 건물 딱 들어왔을 때 느낀 게 있습니다. 관리 상태가 정말 좋습니다. 깨끗하게 관리하신 흔적이 눈에 보입니다. 세입자가 이런 건물을 만나면 오래 갑니다. 저희가 계약을 맞추는 게 목적이 아니라, **좋은 세입자가 들어와 건물주님과 오래 가는 관계를 만드는 게 목표입니다.**"

건물주의 표정이 눈에 띄게 달라졌다.

"그렇죠. 저도 사실 단기로 왔다 가는 사람 말고, 오래 하는 사람이면 좋겠어요."

분위기가 한결 부드러워졌을 때, 정민우가 긴장을 풀고 농담을
했다.

"건물주님, 솔직히 말씀드리면… 건물이 너무 깨끗해서 세입자가
들어오면 제가 더 자주 놀러갈까 걱정됩니다."

건물주가 피식 웃음을 터뜨렸다. 순간 사무실 공기 전체가 따뜻하
게 바뀌었다.

● 고객(건물주)의 내적 독백
'이 사람들, 처음엔 또 논리만 들이미는 줄 알았는데… 내 이야기를 들어
주고, 건물에 대해 진심으로 칭찬해주네. 결국 중요한 건 수치가 아니라
**사람 마음을 존중받는 느낌**이구나. 오늘은 한번 맡겨 봐도 되겠다.'

김 교수가 두 제자를 보며 말했다.

"잘 봤죠? 건물주 설득은 논리로 시작하면 실패합니다. 건물주는
자기 건물을 자식처럼 생각합니다. 따라서 **존중과 분위기**가 먼저입
니다. 논리는 그다음에 붙는 양념일 뿐이죠."

김 교수는 화이트보드에 큼지막하게 적었다.

## 상가주인 = 논리 X, 분위기 O

---

### 실전 🖋 TIP

**하지 말 것 :** 자료·수치로만 밀어붙이기(오히려 불신을 키운다)

**해야 할 것 :** 건물·동네·추억에 대한 존중 표현(감정을 열어야 논리가 통한다)

**기억할 것 :** 건물주는 건물 이야기가 곧, 자기 이야기라는 점

---

# 26
# 권리금 협상은
# 타이밍이 아니라 멘트다

합동 사무실에 한 치킨집 양수인 후보가 찾아왔다. 40대 초반의 남성이었다.

"제가 치킨집을 준비 중인데요, 권리금이 5천만 원이라고 들었습니다. 조건은 괜찮은데… 솔직히 금액이 좀 부담됩니다."

함께 온 아내는 한숨을 쉬었다.

"보증금 3천만 원, 월세 250만 원까지는 생각했는데, 권리금까지 합치면 시작부터 8천만 원 이상 들어가잖아요. 저희 형편에 큰돈이라 고민이 됩니다."

사무실 공기가 순간 얼어붙었다. 정민우가 침을 꿀꺽 삼키며 재빨리 끼어들었다.

"아, 권리금은 어차피 조정될 겁니다. 제가 잘 얘기해서 한 1천만 원 정도는 깎아드리겠습니다. 그러니 오늘 바로 결정하시죠."

세입자 부부는 서로 눈치를 보며 불편한 표정을 지었다. 남편이 속으로 생각했다.

'너무 빨리 권리금 얘기를 꺼내네. 아직 우리 사정도 모르면서 바로 깎아주겠다고? 신뢰가 안 생기는데….'

아내도 마음속으로 거리를 뒀다.

'계약을 성급하게 몰아가는구나.'

유서연이 부드럽게 말했다.

"고객님, 사실 처음에는 누구나 권리금을 부담스럽게 느끼십니다. 저도 이해해요. 다만, 기존 점주분이 시설과 단골을 물려주시는 부분이 있으니, 그 가치를 생각해보시면 조금 다른 느낌이실 거예요."

부부는 고개를 끄덕였지만 여전히 표정은 굳어 있었다.

'공감은 고맙지만… 결정을 움직일 만큼 강력하진 않아.'

김 교수가 잠시 눈을 감고 분위기를 정리했다. 그리고 천천히 입을 열었다.

"고객님, 권리금은 단순히 돈이 아닙니다. **시간을 사는 비용**입니다. 예를 들어, 아무도 없는 가게를 새로 얻어 시작하신다면 인테리어 3천만 원, 집기 2천만 원, 초기 홍보비 1천만 원, 그리고 최소 6개월 동안의 적자 운영비까지 들어갑니다. 합치면 권리금보다 훨씬 큰 돈이죠. 그런데 이 자리는 이미 단골이 있고, 인테리어와 집기도 준비되어 있습니다. 즉, 권리금은 고객님이 겪을 1년의 시행착오를 단숨에 줄여주는 비용입니다. 따라서 '비싸다, 싸다'의 기준이 아니라 '시간을 살 것인가, 시간을 버릴 것인가'의 선택입니다."

부부의 표정이 확 달라졌다. 남편이 속으로 중얼거렸다.

'시간을 산다… 이건 다른 관점이네.'

그때 정민우가 계산기를 두드리다가 갑자기 '삑삑' 소리를 크게 냈다.

"앗, 죄송합니다. 제가 권리금을 나눠서 계산해봤는데… 하루에 13만 원꼴입니다. 치킨 하루에 20마리만 더 팔면 됩니다!"

순간, 모두 웃음을 터뜨렸다. 양수인 아내가 피식 웃으며 말했다.

"그렇게 계산하니까 좀 가볍게 들리네요."

분위기가 한결 부드러워졌다.

● 고객의 내적 독백 : 마음의 전환
남편 : '우린 계속 금액만 봤는데, 이 사람은 시간을 산다고 말한다. 게다가 하루 13만 원이라니, 부담이 다르게 느껴진다. 오늘은 정말 결정을 내릴 수 있겠다.'
아내 : '멘트 하나가 이렇게 분위기를 바꾸네. 성급한 말은 불신을 만들지만, 준비된 멘트는 마음을 움직인다.'

김 교수가 화이트보드에 크게 썼다.

**권리금 = 금액이 아니라 시간**

"기억하세요. 권리금 협상은 타이밍이 아닙니다. 아무 때나 꺼내면 불신을 만듭니다. 그러나 준비된 멘트 하나가 고객의 관점을 뒤집습니다. 성급하면 신뢰를 잃고, 공감만 해서는 결정을 못 이끌죠. 그러나 **시간을 산다**는 멘트는 고객의 두려움을 기회로 바꿉니다."

# 중개보수를 먼저 말해도
# 계약할 수 있다

사무실 문이 열리자, 30대 초반의 젊은 부부가 들어왔다. 신혼의 기운이 느껴졌지만, 표정은 잔뜩 긴장되어 있었다. 남편이 곧장 말했다.

"사장님, 본론부터 말씀드릴게요. 저희가 이번에 작은 카페를 준비 중인데… 중개보수는 얼마나 되나요?"

정민우가 순간 얼어붙었다. 보통은 상담이 한참 진행된 후에 나올 질문인데, 처음부터 중개보수를 끼낸 것이다. 공기 자체가 딱딱해졌다. 정민우가 당황해서 웃으며 말했다.

"아… 그 부분은 계약이 성사되면 정해진 법정 요율에 맞춰서 받습니다. 걱정 안 하셔도 됩니다."

남편은 미묘하게 고개를 갸웃했다.

'말은 맞는데… 뭔가 피하는 것 같아. 신뢰가 덜 가네.'

아내도 속으로 중얼거렸다.

'중개보수 이야기를 왜 이렇게 조심스러워하지?'

유서연이 부드럽게 끼어들었다.

"고객님 마음 이해합니다. 초기 자금이 많이 들어가다 보니, 작은 비용도 신경 쓰이실 수 있죠. 저도 처음 장사할 때는 그랬습니다."

부부는 잠시 고개를 끄덕였지만, 여전히 표정은 굳어 있었다.

'공감은 좋지만… 결국 돈 이야기는 돌려 말하네.'

김 교수가 미소 지으며 앞으로 몸을 기울였다.

"좋은 질문 주셨습니다. 저는 **중개보수 이야기를 가장 먼저 하는 고객이 오히려 더 좋은 고객**이라고 생각합니다. 왜냐하면, 계약 과정 에서 가장 예민한 문제를 미리 꺼내셨으니까요. 그건 솔직하다는 뜻 이고, 협상의 여지가 분명하다는 겁니다. 저희 중개보수는 법정 요율 을 기준으로 받습니다. 하지만 단순히 돈을 받는 게 아니라, 고객님의 매출과 안전을 지키는 '보험료' 같은 개념이라고 보시면 됩니다."

그 순간, 정민우가 긴장을 풀고 거들었다.

"맞습니다, 고객님. 저희가 밥값은 해야죠."

아내가 피식 웃음을 터뜨렸다. 남편도 얼굴이 조금 풀렸다. 정민우가 허둥지둥 덧붙였다.

"아, 밥값이라뇨, 계약을 위한 '든든한 반찬 세트' 같은 역할이죠."

사무실 안이 웃음으로 가볍게 풀어졌다. 김 교수가 이어서 차분히 말했다.

"고객님, 이렇게 생각해보십시오. 저희 중개보수는 단순히 계약서 한 장 쓰는 값이 아닙니다. 계약을 안정적으로 성사시키고, 나중에 문제없도록 관리해드리는 **책임의 대가**입니다. 만약에 저희가 중개보수를 줄이겠다고 약속하면서 서비스까지 줄인다면, 고객님은 더 큰 손해를 보게 되실 겁니다. 하지만 저희는 **중개보수만큼의 가치를 반드시 채워드린다**는 자신이 있습니다."

부부의 표정이 서서히 풀렸다.

김 교수가 화이트보드에 크게 적었다.


**중개보수 = 금액이 아니라 신뢰의 값**


"기억하세요. 중개보수 이야기를 먼저 꺼낸 고객은 까다로운 게
아니라, 솔직한 고객입니다. 그 순간 숨거나 피하면 불신을 낳습니
다. 반대로, 정면에서 이유를 설명하면 신뢰로 바뀝니다. 결국 계약
을 따내는 건 **중개보수 액수가 아니라, 중개보수가 가치 있다는 확
신**입니다."


## 실전 ✒ TIP

**하지 말 것** : "그건 나중에 말씀드릴게요"라는 회피
**조심할 것** : 중개보수를 줄이겠다는 섣부른 약속
**해야 할 것** : 중개보수 = 고객을 위한 보험료, 책임비용이라는 관점 제시
**활용할 멘트** : "저희 중개보수는 비용이 아니라, 고객님의 안전을 위한
　　　　　　　투자입니다."

# 28
# 건물주가 흔들릴 때,
# 한마디가 판을 바꾼다

늦은 저녁, 2층짜리 건물의 주인이 사무실을 찾았다. 50대 후반, 단정한 차림새였지만 얼굴에 근심이 가득했다.

"솔직히 말씀드리면, 이번 세입자랑 계약할지 고민이 됩니다. 차라리 그냥 공실로 두는 게 낫지 않을까 싶어요."

조건은 나쁘지 않았다. 보증금 5천만 원, 월세 280만 원. 하지만 건물주는 지난번 세입자가 월세와 관리비를 떼먹고 도망간 경험 때문에 불안감이 컸다. 정민우가 바로 나섰다.

"아니에요, 건물주님. 이번 세입자는 성실해보입니다. 괜찮을 겁니다. 그냥 믿고 가셔도 돼요."

건물주의 표정은 더 굳어졌다.

"지난번에도 다들 성실해 보인다고 했습니다."

정민우는 속으로 땀을 훔쳤다.

'아차… 막연한 위로는 오히려 불신을 키우는구나.'

유서연이 차분히 말했다.

"건물주님, 저라도 그 상황을 겪었다면 지금처럼 불안했을 겁니다. 공실이 길어져도 괴롭고, 잘못된 세입자를 받는 건 더 힘든 일이죠."

건물주가 잠시 고개를 끄덕였지만, 불안은 여전했다.

"맞아요. 그래서 결정을 못 하겠어요."

'공감은 고마운데… 그래서 어떻게 해야 한다는 거지?'

김 교수가 조용히 몸을 앞으로 숙이며 말했다.

"건물주님, 공실은 비용이고, 세입자는 파트너입니다. 그런데 지금 건물주님이 하려는 선택은 **두려움에 머무르는 선택**입니다. 제가 드릴 수 있는 말은 단순합니다. **'조건이 아니라 사람을 보셔야 합니**

**다'** 이번 세입자는 기존 점포에서 5년을 운영하며 임대료 한 번 밀린 적이 없습니다. 또한 이번에도 본인 명의 통장으로 이체하겠다고 분명히 말했습니다. 즉, 이번에는 조건보다 '사람의 이력'이 답입니다."

건물주의 눈빛이 흔들렸다.

"사람을 보라…. 조건보다…."

정민우가 긴장을 풀려고 세입자 신용조사 서류를 건물주에게 건네다 실수로 자기 은행 통장 내역을 꺼내 놓았다.

"어… 이건 제 지난달 카드값이네요. 보시다시피 저도 힘듭니다."

사무실이 순간 정적에 잠겼다가, 유서연이 터뜨린 웃음에 모두 웃음을 참지 못했다. 건물주도 피식 웃으며 긴장을 풀었다.

● 고객(건물주)의 내적 독백
'이 사람들, 허둥대기도 하지만… 진심은 전해지네. 조건만 보라는 게 아니라, 사람을 보라니. 맞다. 결국 임대차는 사람 사이의 관계구나. 이번에는 한번 믿어봐도 되겠다.'

김 교수가 두 제자를 향해 말했다.

"건물주는 언제나 두려움 때문에 흔들립니다. 그때는 더 많은 논리도, 더 많은 조건도 필요 없습니다. **흔들림을 멈추는 한마디**가 필요합니다. 오늘의 한마디는 바로 이것입니다. '**조건이 아니라 사람을 보셔야 합니다.**' 이 말은 건물주가 불안의 초점을 조건에서 사람으로 옮기게 만듭니다. 그 순간 결정은 훨씬 쉬워집니다."

---

### 실전 🖋 TIP

**하지 말 것** : "괜찮습니다, 믿으세요" 같은 막연한 위로
**피할 것** : 조건 수치만 나열하는 설명
**해야 할 것** : 건물주의 흔들림 = 불안에서 나온다는 사실 인정
**활용할 멘트** : "조건이 아니라 사람을 보셔야 합니다."

# 세입자와 투자자의 불안은
## 정면에서 뚫어야 한다

비 오는 화요일 오후, 사무실 문이 열렸다. 양복 차림의 40대 후반 남성이 들어왔다. 가방에서 노트를 꺼내더니 다짜고짜 말했다.

"여기 나성동에 있는 2층 카페 자리가 괜찮다고 들었습니다. 보증금 4천만 원, 권리금 2천만 원, 월세 280만원. 숫자만 보면 맞는 것 같은데…. 솔직히 불안합니다."

옆에 있던 아내가 낮은 목소리로 거들었다.

"요즘 금리도 오르고, 경기도 안 좋잖아요. 괜히 들어갔다가 매출 안 나오면 어쩌죠? 남편이 모아둔 퇴직금을 다 넣는 거라…."

부부의 얼굴에는 기대보다 걱정이 훨씬 짙게 드리워져 있었다. 정민우가 서둘러 끼어들었다.

"걱정 안 하셔도 됩니다. 여기 상권 탄탄합니다. 카페 다 잘됩니다. 들어가시면 무조건 장사 잘됩니다."

고객의 표정이 차갑게 굳었다.

"그 말, 어디서 많이 들었습니다. 지난번에도 똑같이 듣고 들어갔다가 망했거든요."

정민우의 얼굴이 굳었다.

'아차, 또 습관처럼 긍정만 외쳤네….'

유서연이 부드럽게 말했다.

"고객님 마음 충분히 이해합니다. 요즘 같은 시기에 큰돈 투자하시는 건 누구라도 불안하지요. 저도 가게 준비할 때, 매일 밤마다 잠이 안 왔거든요."

부부가 잠시 고개를 끄덕였지만, 여전히 시선은 불안했다.

'맞아, 공감은 고맙지만… 해결책이 필요해.'

김 교수가 의자를 앞으로 당겼다.

"고객님, 불안을 무시하면 더 커집니다. 그래서 저는 불안을 정면에서 다룹니다. 세입자와 투자자가 가장 두려워하는 건 세 가지입니다. 첫째, 매출이 안 나오면 어쩌나. 둘째, 비용이 너무 크진 않은가. 셋째, 혹시 나중에 나갈 때 손해 보지 않을까. 이 세 가지를 차례대로 풀어보겠습니다."

김 교수는 화이트보드에 빠르게 써 내려갔다.

① **매출 불안** → 실제 일주일간 유동인구 조사 결과 제시
② **비용 부담** → 인테리어·집기 이미 포함, 추가 투자 최소화 강조
③ **퇴로 불안** → 주변 시세와 재임대 가능성 수치로 확인

"즉, 고객님의 불안은 사실 근거가 있는 불안이지만, 그 근거를 수치와 데이터로 검증해보면, 대부분 해소됩니다. 저희는 그냥 '괜찮다'라고 말하지 않습니다. **데이터로 불안을 줄입니다.**"

그때 정민우가 분위기를 띄우려 계산기를 두드리며 말했다.

"자, 하루 매출 40만 원만 잡아도, 월 매출 1,200만 원! 임대료 빼고 인건비 빼고, 순이익이… 어, 잠깐만요…."

계산기를 잘못 눌러 마이너스(-)가 찍혔다.

"어… 적자네요? 아, 다시 계산해보겠습니다!"

순간 사무실이 조용해졌다가, 유서연이 참지 못하고 웃음을 터뜨렸다. 고객도 결국 웃음을 보였다.

"적자까지 솔직하게 보여주시네, 하하."

분위기가 확 풀렸다.

● 고객의 내적 독백

남편 : '처음엔 또 똑같은 말만 듣는 줄 알았는데… 김 교수는 불안을 정면에서 다루네. 내가 걱정하는 걸 피하지 않고, 하나씩 풀어주니 마음이 편해졌다.'

아내 : '웃음까지 터지니까 긴장이 사라졌다. 결국 중요한 건 불안을 무시하지 않고, 데이터와 태도로 정면 돌파하는 거구나.'

김 교수가 화이트보드에 굵게 적었다.

**불안 = 피할수록 커지고, 정면 돌파할수록 작아진다.**

"세입자와 투자자는 늘 불안을 안고 옵니다. 그 순간 '괜찮습니다' 라고만 말하면 절대 안 됩니다. 공감만 해도 부족합니다. 불안을 정면으로 꺼내놓고, 데이터와 경험으로 해소해주는 것, 그것이 계약으로 가는 길입니다."

---

### 실전 🖋 TIP

**하지 말 것 :** 무조건 '잘됩니다' 식의 낙관

**피할 것 :** 불안 자체를 외면하는 태도

**해야 할 것 :** 불안을 직접 꺼내고, 데이터·사례로 해소

**활용 멘트 :** "고객님, 불안을 무시하지 않겠습니다. 대신 근거로 풀어드리겠습니다."

# 30
# 계약서 사인은
# 결국 신뢰에서 터진다

늦은 밤, 사무실 테이블 위에는 계약서가 펼쳐져 있었다. 30평짜리 베이커리 매물, **보증금 6천만 원, 권리금 2,500만 원, 월세 320만 원**. 조건 협상은 길고 지루했지만, 이제 마지막 단계만 남았다. 양수인 부부는 펜을 들고 있었다. 그런데 남편의 손이 덜덜 떨렸다.

"저… 잠시만요."

남편이 펜을 내려놓으며 얼굴을 감쌌다.

"지금까지 잘 들었는데… 마지막에 도장이 안 찍히네요. 괜히 불안합니다."

순간 공기가 얼어붙었다. 정민우가 다급하게 말했다.

"고객님, 지금 망설이시면 다른 분이 바로 계약할 겁니다. 오늘 결단하셔야 합니다!"

남편은 표정을 굳혔다.

'또 압박이네. 이럴 때마다 더 못하겠어.'

아내도 속으로 중얼거렸다.

'압박이 아니라 안심이 필요해….'

유서연이 부드럽게 말을 건넸다.

"저도 처음 계약할 때 그랬어요. 펜을 들었는데 손이 덜덜 떨리더라고요. 그 긴장, 충분히 이해합니다."

남편이 잠시 미소를 지었지만, 여전히 펜을 잡지 못했다.

'공감은 고마운데… 여전히 불안하다.'

김 교수가 조용히 말했다.

"고객님, 싸인은 용기가 아닙니다. **신뢰가 쌓였을 때 저절로 나오는 행동**입니다. 지금 불안하신 건 결정을 못 해서가 아니라, 아직 확신이 덜 차서 그렇습니다. 제가 한마디만 더 드리겠습니다. **계약서는 종이가 아니라, 우리가 오늘 만든 신뢰의 증거입니다.** 이 자리는 유동인구와 상권 분석으로도 충분히 설명할 수 있지만, 무엇보다 이 자리에서 장사해온 기존 점주의 성실함이 증명해줍니다. 그 신뢰를 그대로 이어받으시는 겁니다."

남편의 눈빛이 달라졌다. 그때 정민우가 분위기를 풀겠다며 펜을 돌리다 그만 펜이 손에서 튕겨나가 천장에 꽂혔다. 사무실이 순간 정적에 잠겼다가 아내가 웃음을 터뜨렸다.

"펜이 싸인하라고 하늘로 날아가네요."

모두 폭소하며 긴장이 풀렸다.

---

● 고객의 내적 독백

남편 : '압박은 불편했고, 공감은 위로였지만… 결국 김 교수의 말이 내 마음을 움직였다. 계약서가 종이가 아니라 신뢰의 증거라니. 이제는 망설일 이유가 없다.'

아내 : '웃음 덕분에 긴장이 풀리고, 신뢰 멘트가 마지막 불안을 밀어냈다. 싸인은 결국 신뢰가 있어야 나온다는 것을 알겠다.'

---

김 교수가 화이트보드에 크게 썼다.

**싸인은 용기가 아니라 신뢰에서 나온다.**

"기억하세요. 망설일 때 압박하면 멀어집니다. 공감만 하면 위로로 끝나죠. 그러나 신뢰를 주면, 싸인은 자연스럽게 따라옵니다. 계약은 숫자가 아니라 관계의 결과입니다."

---

### 실전 ✒ TIP

**하지 말 것** : "지금 안 하면 다른 사람이 한다"라는 압박
**피할 것** : 공감만 하고 끝내는 멘트
**해야 할 것** : '싸인 = 신뢰'라는 메시지로 마음을 안정시키기
**활용 멘트** : "계약서는 종이가 아니라 신뢰의 증거입니다."

# 계약 없는 날
## 외부로 연결되는 행동 시스템

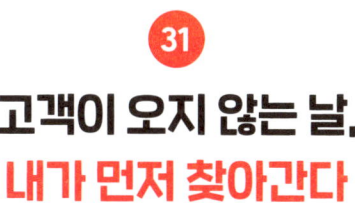

# 31
# 고객이 오지 않는 날,
# 내가 먼저 찾아간다

월요일 오전 10시. 합동 사무실의 문은 활짝 열려 있었지만, 전화 벨도, 발걸음 소리도 들리지 않았다. 정민우가 의자에 기대며 한숨을 내쉬었다.

"교수님, 오늘도 조용하네요. 어제는 하루 종일 상담 한 건 없었고, 오늘도 이 분위기라면…."

유서연이 커피를 홀짝이며 중얼거렸다.

"이럴 때 제일 무기력해져요. '혹시 내가 뭘 잘못하고 있는 건 아닐까?' 하는 생각까지 들어요."

사무실 안 공기는 정적과 불안으로 묘하게 눌려 있었다. 김 교수가 두 사람을 번갈아 보며 미소 지었다.

"조용한 날이야말로 제일 중요한 날입니다. 고객이 우리에게 오지 않는다면, 우리가 고객에게 가야지요. 이런 날은 '행동하는 날'로 정해야 합니다."

정민우가 눈을 동그랗게 떴다.

"밖으로 나가자고요? 그냥 길거리를요?"

"그렇습니다. 사무실 안에서는 우울감만 쌓입니다. 하지만 현장에 나가면, 매물도 보이고, 사람도 만나고, 기회도 보입니다. **고객이 없는 날은, 우리가 발로 고객을 만드는 날입니다.**"

세 사람은 간단히 짐을 챙기고 거리로 나섰다. 나성동 중심 상권, 점심시간 직전이라 식당 앞에는 이미 줄이 늘어서 있었다. 김 교수가 걸음을 멈추며 말했다.

"보세요. 저 줄 자체가 데이터입니다. 이 골목은 점심 장사가 되는 곳이고, 그 말은 식당 매물이 나오면 바로 경쟁력이 생긴다는 뜻이지요."

유서연이 눈을 반짝이며 적었다.

"그러네요! 그냥 줄이 아니라, 매출의 힌트였군요."

정민우는 갑자기 바람에 전단지를 날려버려 허둥댔다.

"아, 제 전단지가 다 날아갔습니다!"

행인 한 명이 날아온 전단지를 주워주며 웃었다.

"사장님, 홍보를 날려버리시면 안 되죠."

순간 모두 웃음을 터뜨렸다. 거리 위에는 딱딱한 사무실 안의 공기와는 전혀 다른 활기가 있었다.
세 사람이 걷다 보니, 1층 공실이 보였다. 간판만 덩그러니 남아 있고, 안은 텅 비어 있었다.

김 교수기 곧장 안을 들여다보며 중얼거렸다.

"이 건물은, 예전에 카페 세입자랑 분쟁이 있었던 자리군요. 아직 새로 안 나간 모양입니다. 이런 정보는 발로 뛰지 않으면 절대 못 얻습니다."

그 순간 지나가던 동네 주민이 다가와 말을 걸었다.

"여기 원래 치킨집 하던 자리인데, 금방 다시 나올 거예요. 사장님이 이 동네랑 인연이 없어서 오래 못 버틴 거죠."

정민우가 흥분해 말했다.

"교수님, 오늘 그냥 앉아만 있었다면 절대 몰랐을 정보 아닙니까?"

김 교수가 두 사람을 향해 말했다.

"바로 이겁니다. 고객이 없는 날은 **사실 새로운 매물과 관계를 만나는 날**입니다. 고객이 찾아오지 않는다고 절망할 게 아니라, 우리가 먼저 밖으로 나가 발굴해야 합니다. 고객을 기다리는 공인중개사와, 고객을 찾아가는 공인중개사의 차이는 바로, 성과의 차이입니다."

점심 무렵, 세 사람은 카페에 들어가 커피를 시켰다. 정민우가 사장님에게 물었다.

"사장님, 이 동네 장사 어떠세요?"

사장님이 웃으며 답했다.

"글쎄요, 저희는 커피보다 '자리'가 잘 팔립니다. 자리가 좋아서 손님이 계속 오는 거죠."

정민우가 멍하니 중얼거렸다.

"커피보다 자리가 팔린다…. 와, 이거 명언인데요."

유서연은 곧장 수첩에 적었다.

"오늘 고객 대신 사장님에게서 더 큰 인사이트를 얻었네요."

● 고객의 내적 독백(투자자 시점)
같은 시각, 길 건너편에서 한 투자자가 합동 사무실 간판을 보고 있었다.
'저 사무실은 항상 열려만 있는 줄 알았는데…. 오늘 보니 직원들이 직접 나와 상권을 뛰고 있네. 믿음이 간다. 저기 맡겨도 되겠다.'

고객은 직접 들어오지 않았지만, 이미 마음속에서 신뢰를 쌓고 있었다. 사무실로 돌아와 김 교수가 말했다.

"오늘 우리가 얻은 건 단순히 매물 정보가 아닙니다. 사무실 안에서는 절대 느낄 수 없는 '현장의 온도'입니다. 기억하세요. **고객이 없**

**는 날은 새로운 매물과 관계를 찾는 날이다.** 행동하지 않으면 아무 일도 일어나지 않지만, 발로 나서면 우연이 기회로 바뀝니다."

김 교수는 화이트보드에 크게 적었다.

**기다림은 공실을 만들고, 행동은 계약을 만든다.**

---

### 실전 🖋 TIP

**하지 말 것 :** 사무실 안에서 무기력하게 전화만 기다리기
**해야 할 것 :** 밖으로 나가 유동인구, 상권 변화, 공실 정보를 직접 확보
**활용 아이디어 :** 매물 탐방, 카페·식당 사장님과 대화, 동네 주민의 말 경청
**핵심 :** 고객 없는 날 = 기회가 숨어 있는 날

---

# 32

# 매물이 없을 때는
# 발로 뛰며 시장을 채운다

수요일 오전, 세 사람은 다시 상권 조사를 나섰다. 큰 길가에서 조금 들어간 골목, 1층에 '임대 문의' 간판이 붙은 20평짜리 가게가 눈에 들어왔다. 정민우가 탄성을 질렀다.

"교수님, 저 자리가 비었네요! 지난번에 분식집 하던 곳 맞죠?"

김 교수가 고개를 끄덕였다.

"맞아요. 1년 전까지 꽤 손님이 많았던 자리였지요. 그런데 왜 이렇게 빨리 비었는지가 중요하겠네요."

정민우가 건물 앞에 서서 중얼거렸다.

"위치 좋고, 유동인구 많으니까 금방 나갈 겁니다. 이건 그냥 확실

한 매물이네요."

유서연이 눈을 흘겼다.

"민우 씨, 또 성급하게 결론 내리네요. 겉만 보고 판단하면 안 되죠. 왜 비었는지, 원인이 뭔지 알아야 합니다."

유서연은 주변을 찬찬히 살폈다.

"보세요. 바로 옆 건물에 프랜차이즈 김밥집이 들어왔네요. 지난달에 오픈했다고 현수막이 걸려 있어요. 아마 그 영향으로 기존 분식집이 밀려난 것 같아요."

정민우가 입을 다물었다.

'역시… 그냥 좋아 보인다고 확신하면 안 되지.'

김 교수가 한 주민에게 다가가 말을 걸었다.

"여기 분식집 왜 나갔는지 아세요?"

주민이 손사래를 치며 말했다.

"장사는 잘됐는데, 사장님 건강이 안 좋아져서 그만두신 거예요. 장사 탓은 아니에요. 손님은 늘 많았죠."

세 사람은 동시에 눈을 반짝였다.

"아, 그러면 이 매물은 상권 경쟁이 아니라 **운영 사정 때문에 비었다는 것**이네요!"

정민우가 지나가던 배달 오토바이를 멈춰 세우더니 물었다.

"사장님, 혹시 여기 분식집 아셨어요?"

배달원이 헬멧을 벗으며 대답했다.

"알죠! 여기서 김밥 많이 사갔죠. 근데 제가 제일 아쉬워요. 점심 배달 수입이 줄었거든요."

정민우가 엄숙하게 말했다.

"그럼 사장님이 대신 들어오시면 되겠네요."

배달원이 깔깔 웃으며 떠났다. 유서연이 한숨을 쉬며 말했다.

"민우 씨, 사람 붙잡고 장사 권하는 공인중개사는 처음 봐요."

세 사람 모두 웃음이 터졌다.

투자자는 속으로 사무실 이름을 메모했다. 김 교수가 두 제자를 향해 말했다.

"오늘 배운 게 뭔지 알죠? 공실은 그냥 '빈자리'가 아닙니다. **비어 있는 이유**를 알아야 진짜 가치가 보입니다. 사람이 떠난 이유가 매출이 안 나서인지, 아니면 단순한 개인 사정인지, 그걸 확인하는 게 공인중개사의 발품입니다. 기억하세요. 발로 뛰면 데이터가 나오고, 데이터는 곧 계약의 씨앗이 됩니다."

김 교수는 화이트보드에 크게 썼다.

**공실 = 원인을 찾을 때 기회가 된다.**

**하지 말 것** : 겉만 보고 '좋다/나쁘다' 단정

**해야 할 것** : 주변 업종 변화, 경쟁 요소, 상권 흐름 관찰

**추가로 할 것** : 주민·상인 인터뷰, 현장 소문 확인

**핵심 멘트** : "비어 있는 이유가 곧, 이 자리의 가치입니다."

# 33
# 관계는 하루 만에 생기지 않는다.
## 매일 쌓아야 한다

목요일 아침, 합동 사무실은 여전히 조용했다. 정민우가 투덜거리 듯 말했다.

"왜 손님은 늘 갑자기 나타났다가 또 갑자기 사라지는 걸까요? 마치 바람 같아요. 어제는 오더니 오늘은 없네요."

유서연이 고개를 저었다.

"민우 씨, 고객은 바람이 아니라 사람이라고요. 사람은 관계가 있어야 다시 오죠. 우리, 관계를 너무 '한 번의 상담'으로 끝내는 것은 아닐까요?"

김 교수는 두 사람의 대화를 들으며 미소 지었다.

"맞습니다. 계약이 하루아침에 만들어지는 게 아니듯, 관계도 하루 만에 만들어지지 않아요. 쌓고 또 쌓아야 합니다."

세 사람은 그날도 상권 조사를 나섰다. 한 노부부가 운영하는 10평짜리 국수집 앞에서 멈췄다. 오래된 간판과 낡은 테이블, 그러나 손님이 끊이지 않았다. 김 교수가 국수 세 그릇을 시키며 물었다.

"사장님, 장사는 오래 하셨나요?"

할아버지가 웃으며 대답했다.

"벌써 25년째예요. 처음에는 힘들었는데, 단골들이 지켜줘서 여기까지 왔죠."

유서연이 감탄하며 말했다.

"관계가 25년 장사를 만든 거네요."

할머니가 덧붙였다.

"맞아요. 한 번 왔다고 손님 되는 게 아닙니다. 매일 얼굴 보고, 안부 묻고, 작은 거 챙기고… 그게 쌓이니까 손님도 우리를 지켜주지요."

정민우가 국수를 먹으며 중얼거렸다.

"국수 맛보다 이 말씀이 더 깊게 들어오네요."

정민우는 갑자기 지난달 일을 떠올렸다.

"맞다! 저번에 상담 왔던 카페 창업 희망자 기억나세요? 조건에 딱 맞는 자리를 소개해드렸는데, 결국 다른 공인중개사 통해 계약했 잖아요. 그때 저는 그냥 '혹시 필요하면 다시 연락해주세요' 하고 끝 냈죠. 추가 연락을 드리지도 않았고."

김 교수가 고개를 끄덕였다.

"그게 바로 관계를 쌓지 못한 겁니다. 계약은 결국 '한 번 더 연락 하는 사람'이 가져가지요."

유서연은 반대로 미소 지으며 말했다.

"저는 지난번에 한 고객님이 원하는 매물이 없어서 죄송하다고 했 는데, 며칠 뒤 동네 축제 소식을 문자로 알려드렸어요. 그 고객님이 그 문자 하나에 감동하셨는지, 이번에 다른 매물까지 저한테 문의 주셨어요. 작은 소통이 관계를 살린 거죠."

정민우가 눈을 크게 떴다.

"단순히 축제 정보 하나가 계약으로 이어진 거라고요?"

김 교수가 말했다.

"맞아요. 관계는 작은 일상의 연결에서 쌓이는 겁니다."

국수집을 나서려는 순간, 정민우가 계산대에 만 원을 올려두고 말했다.

"사장님, 거스름돈은 괜찮습니다. 관계를 위해서요!"

사장님이 눈을 크게 뜨며 말했다.

"아니, 젊은이가 왜 거스름돈을 안 받아요? 한푼이리도 디 모아야죠!"

순간 모두 폭소를 터뜨렸다. 정민우가 머쓱하게 웃으며 말했다.

"아… 관계를 쌓는 방법은 이게 아니군요."

같은 테이블에서 국수를 먹던 30대 직장인이 속으로 중얼거렸다. '저 공인중개사 팀, 참 특이하네. 그냥 매물만 말하는 게 아니라, 이렇게 동네 사람들과 대화도 하고, 웃음도 나누고…. 관계를 만드는 게 몸에 배어 있네. 나중에 가게 할 일이 있으면 저 팀한테 먼저 가야겠다.'

사무실로 돌아온 후 김 교수가 정리했다.

"관계는 하루아침에 생기지 않습니다. 계약은 결국 사람 사이의 관계에서 나오죠. 오늘처럼 시장에 나가 대화 나누고, 작은 정보를 공유하고, 안부를 묻는 것. 그게 쌓여야 고객은 다시 우리에게 옵니다. 기억하세요. **계약은 단순한 조건의 결과가 아니라, 쌓아온 관계의 결과입니다.**"

김 교수는 화이트보드에 크게 썼다.

**관계는 쌓이는 순간 계약으로 터진다.**

## 실전 TIP

**하지 말 것 :** 상담 한 번 하고 끝내기
**해야 할 것 :** 작은 정보·축제·상권 변화까지 공유
**추가로 할 것 :** 시장·가게 방문, 주인과 대화, 안부 묻기
**활용 멘트 :** "관계는 하루 만에 생기지 않습니다. 쌓여야 합니다."

# 작은 이벤트 하나가
# 고객의 마음을 흔든다

금요일 오후, 합동 사무실은 여전히 적막했다. 정민우가 의자를 빙글 돌리며 중얼거렸다.

"교수님, 이렇게 계속 손님만 기다리다가는 먼지만 계약하겠어요."

유서연도 한숨을 쉬었다.

"우리가 고객에게 자꾸 다가가야 하는데… 막상 뭘 어떻게 해야 할지 막막하네요."

김 교수가 미소 지으며 말했다.

"고객의 마음을 열기 위해 거창한 게 필요하지 않습니다. **작은 이벤트 하나로도 충분합니다.** 우리가 먼저 분위기를 만들면, 고객은 다시 우리를 기억합니다."

세 사람은 테이블에 모여 아이디어를 쏟아냈다.

"계약해주신 고객들께 영화표를 드리면 어떨까요?(정민우)"

"아니요, 그건 너무 뻔해요. 지역 주민이랑 연결될 수 있는 게 더 좋아요.(유서연)"

"좋아요, 그러면 우리 사무실 앞마당에서 **작은 무료 상권 설명회**를 해봅시다. 전단지도 만들 필요 없이 동네 소상공인들한테 직접 알리면 됩니다.(김 교수)"

정민우가 눈을 반짝였다.

"오! 이벤트라기보다 동네 잔치네요."

다음 날, 합동 사무실 앞에 작은 테이블과 의자가 놓였다. 유서연이 준비한 손수건과 음료가 곁들여졌다. 간판에는 이렇게 적혀 있었다.

**'10분 상권 브리핑 - 오늘 뛰는 발걸음이 내일 계약으로 이어진다'**

처음엔 몇 명만 모였지만, 지나가던 주민들이 호기심에 하나둘 자리를 채웠다. 정민우가 마이크를 들고 상권 분석을 설명하려는데, 갑자기 스피커에서 '지지직' 소리가 크게 났다. 그는 순간 당황하며 말했다.

"아, 죄송합니다. 마이크가 고객님들 매출처럼 너무 뜨겁게 터져버렸네요."

순간 사람들 사이에서 웃음이 터졌다. 딱딱한 설명 자리가 한순간에 분위기 있는 장터처럼 변했다. 한 분식집 사장이 말했다.

"저도 사실 요즘 매출이 줄어 고민이었는데, 오늘 교수님 말씀 들으니 제 가게의 강점이 다시 보이네요."

옆자리 미용실 원장이 덧붙였다.

"이런 자리를 통해 동네 사람들끼리 서로 알게 되는 기회가 되어 좋네요. 이런 공인중개사사무소라면 믿을 수 있겠어요."

구석에서 조용히 듣고 있던 한 투자자는 속으로 생각했다.

'이 공인중개사팀, 단순히 매물만 파는 게 아니구나. 작은 이벤트 하나로 동네 분위기를 살리고, 사람들을 연결시키는구나. 이런 공인중개사가 매물을 맡으면 신뢰할 수 있겠다.'

행사가 끝나고 김 교수가 두 제자를 향해 말했다.

"봤지요? 이벤트가 크고 화려할 필요는 없습니다. 중요한 건 **고객이 다시 우리를 떠올리게 만드는 것입니다.** 오늘 모인 사람들이 당장 계약을 하진 않더라도, 언제든 '저 중개사무소는 특별하다'라는 기억이 남습니다. 그 기억이 결국 계약으로 이어집니다."

김 교수는 화이트보드에 크게 적었다.

**작은 이벤트 = 고객의 기억 = 미래의 계약**

## 실전 ✒ TIP

**하지 말 것** : 거창한 마케팅 비용만 쓰는 이벤트
**해야 할 것** : 지역 주민과 직접 소통할 수 있는 작은 자리 마련
**활용 아이디어** : 무료 상권 브리핑, 작은 간식 제공, 주민 네트워킹
**핵심 멘트** : "고객은 이벤트의 크기가 아니라, 마음을 기억한다."

# 데이터는 기억을 대신하고,
## 습관보다 오래 남는다

토요일 아침, 정민우는 갑자기 머리를 감싸쥐었다.

"아, 큰일 났다! 지난달에 상담 오셨던 김밥집 창업 희망자분 있잖아요? 전화 주신다고 했는데, 제가 메모를 어디 뒀는지 기억이 안 나요. 이제 번호도 못 찾습니다."

유서연이 한숨을 내쉬었다.

"민우 씨, 또요? 지난번에도 그런 식으로 고객 두 분 놓쳤잖아요. 사람의 기억은 금방 사라져요. 데이터가 대신해주지 않으면, 결국 기회는 다 새어나가죠."

김 교수가 조용히 끼어들었다.

"맞아요. 사람 머리는 감정에는 강하지만, 기록에는 약합니다. 그래서 공인중개사는 반드시 **데이터 시스템**을 가져야 합니다. 습관은 쉽게 흐트러지지만, 데이터는 오래 남으니까요."

세 사람은 사무실 컴퓨터 앞에 모였다. 정민우의 상담 기록은 여기저기 종이에 흩어져 있었다. 포스트잇, 수첩, 휴대폰 메모장…. 김 교수가 고개를 저었다.

"이건 관리가 아니라 방치입니다. 고객의 이름, 예산, 원하는 업종, 연락처, 상담일지…. 이게 한눈에 정리되어야 합니다. 그래야 한 달 뒤에도, 1년 뒤에도 다시 고객을 붙잡을 수 있습니다."

유서연이 덧붙였다.

"민우 씨가 놓친 고객은 사실 계약 직전까지 갔던 분일지도 몰라요. 기억에만 의존하다 기회를 버린 거예요."

정민우가 변명하듯 책상을 뒤지다가, 수십 장의 포스트잇이 바닥에 쏟아졌다. 그 중에는 치킨집 전화번호, 김밥집 조건, 심지어는 치과 예약 메모까지 뒤섞여 있었다.

유서연이 배를 잡고 웃었다.

"이건 고객 데이터가 아니라 민우 씨 인생 데이터잖아요."

김 교수도 미소 지으며 말했다.

"바로 이게 문제입니다. 데이터는 체계적으로 관리해야 힘을 발휘하죠. 그냥 종이는 습관처럼 흩어지다가 결국 사라집니다."

그날 오후, 김 교수는 CRM(고객관리 프로그램)을 열어 보여줬다. 거기에는 고객별 상담 기록, 매물 관심도, 추후 연락 날짜까지 정리되어 있었다.

"보세요. 지난달에 카페 매물 문의하셨던 분, 오늘이 다시 연락드리기로 한 날입니다. 제가 바로 전화를 걸어보겠습니다."

전화 너머에서 반가운 목소리가 들려왔다.

"아, 마침 연락 주셔서 감사합니다. 사실 아직도 자리 찾고 있었는데, 좋은 매물 있나요?"

정민우가 눈을 크게 떴다.

"와… 교수님, 그분 완전히 잊고 있었는데, 데이터 덕분에 다시 연결되네요."

전화를 받은 고객은 속으로 생각했다.

'한 달 전 잠깐 상담했을 뿐인데, 내 상황을 기억하고 다시 연락을 주다니. 이런 공인중개사사무소라면 신뢰할 수 있겠다. 역시 데이터가 기억을 대신해 주는구나.'

김 교수가 두 제자를 향해 말했다.

"기억은 흔들리고, 습관은 흐트러집니다. 하지만 데이터는 남습니다. 데이터는 단순한 기록이 아니라, 과거의 상담을 미래의 계약으로 연결하는 다리입니다. 습관에 의존하면 하루만 무너져도 다 잊히지만, 데이터는 한 번만 잘 쌓아도 오랫동안 고객을 붙잡아줍니다. 기억하세요. **데이터는 기억을 대신하고, 습관보다 오래 갑니다.**"

김 교수는 화이트보드에 굵게 썼다.

**데이터 = 미래의 계약**

## 실전 TIP

**하지 말 것** : 종이에 흩어진 기록, 포스트잇에 의존
**해야 할 것** : CRM·엑셀·상담일지 등 체계적인 고객 관리
**추가로 할 것** : 상담 후 반드시 '다음 접촉 날짜'를 기록
**활용 멘트** : "기억에 맡기지 말고, 데이터에 맡겨라."

# 36
# 준비된 사람만
# 우연을 계약으로 만든다

　토요일 저녁, 세 사람은 하루 종일 발품을 팔고 사무실로 돌아오는 길이었다. 정민우가 지친 목소리로 말했다.

　"오늘도 뭔가 잡은 건 없네요. 이럴 바에는 그냥 집에 가서 쉬고 싶습니다."

　그때 골목 어귀에서 한 중년 남성이 다급히 전화를 하고 있었다.

　"아니, 오늘도 세입자 못 구했다는 거예요? 이 건물, 내가 발이 빠져야 하나…."

　세 사람은 서로 눈을 마주쳤다. 김 교수가 조용히 말했다.

　"들었죠? 우연처럼 보이지만, 사실은 준비된 사람에게만 오는 기회입니다."

정민우가 급히 다가가 명함을 내밀었다.

"사장님! 저희가 도와드리겠습니다. 저희 사무실로 한번 오시죠."

건물주는 명함을 대충 받고는 고개를 저었다.

"고맙지만, 솔직히 믿음이 잘 안 갑니다. 다들 말은 그렇게 시작하더라고요."

정민우는 머쓱하게 물러섰다.

'준비 없이 접근하면 기회도 흘러가버리는구나….'

유서연이 조심스럽게 다가갔다.

"사장님, 혹시 이 건물 말씀하시는 건가요? 제가 아까 지나가면서 '임대 문의' 간판이 붙어 있는 걸 봤거든요. 근처 직장인 점심 수요가 많은 골목이라서, 혹시 음식 업종 세입자를 원하시면 금방 찾을 수 있을 것 같아요."

건물주가 눈을 크게 떴다.

"어? 이 동네 상황을 아시네요."

김 교수가 곧장 가방에서 태블릿을 꺼냈다.

"사장님, 제가 최근 일주일간 조사한 상권 데이터가 있습니다. 이 골목은 점심시간 유동인구가 하루 평균 2,300명, 그중 60%가 직장인입니다. 따라서 음식 업종이 가장 적합합니다. 지금도 저희 고객 중에서 20평 내외, 보증금 4천만 원, 월세 250~300만 원 찾는 분이 있습니다. 즉, 사장님 매물이 조건에 딱 맞습니다."

건물주의 눈빛이 흔들렸다.

"아니, 준비가 이렇게 되어 있다고요? 다른 공인중개사들은 그냥 '자리 좋다'라고만 했는데…."

정민우가 분위기를 띄우려고 말했다.

"사장님, 이 자리에서 점심에 김밥만 200줄 팔아도 월세는 그냥 나옵니다!"

그는 계산기를 두드리다가 잘못 눌러 '2,000줄'이 찍혔다.

"아… 2,000줄이네요. 하루에 김밥 2,000줄이면…."

유서연이 폭소를 터뜨렸다.

"민우 씨, 그럼 동네 주민이 다 김밥만 먹어야겠네요."

건물주도 웃음을 터뜨리며 긴장이 풀렸다.

● 고객(건물주)의 내적 독백
'처음엔 또 똑같은 말뿐이겠지 했는데… 이 사람들은 다르구나. 현장 상황을 알고, 데이터까지 준비했네. 우연히 길에서 만났지만, 이런 준비성이라면 맡겨도 되겠다.'

사무실에 돌아와 김 교수가 두 제자를 향해 말했다.

"오늘 봤죠? 우연은 그냥 오는 게 아닙니다. 준비된 사람만이 우연을 기회로 바꿀 수 있습니다. 발로 뛰며 조사한 데이터, 고객과 매물 조건을 기록한 메모, 그리고 바로 꺼낼 수 있는 제안 자료. 이런 준비가 쌓여야 길에서 만난 단 한 번의 대화가 계약으로 연결되는 것입니다."

김 교수는 화이트보드에 굵게 썼다.

**우연 = 준비 + 행동**

## 실전 ✒ TIP

**하지 말 것** : 준비 없는 명함 돌리기

**해야 할 것** : 상권 데이터, 고객 조건, 매물 분석 항상 휴대

**추가로 할 것** : 거리에서 만난 대화도 기회라고 생각하고 대응

**활용 멘트** : "우연히 만났지만, 이미 준비해둔 자료가 있습니다."

CHAPTER
7

# 계약서 한 장
## 개인을 넘어 관계와 세상을 바꾼다

# 다시 사인을 받는 순간,
## 나는 변했다

한동안 계약이 없던 날들이 이어졌다. 정민우는 커피 잔을 돌려가며 중얼거렸다.

"교수님, 저… 손님이 웃으며 나가도 다시 안 오고, '생각해볼게요'라는 말은 이제 귀에 딱지가 앉았습니다. 솔직히 계약서가 어떻게 생긴 문서였는지도 가물가물합니다."

유서연도 고개를 끄덕였다.

"저도 그래요. 상담은 꽤 했는데, 결론은 늘 허탕이었죠. 이제 계약서를 꺼내는 것 자체가 두려워요. 혹시 꺼냈다가 거절당하면 어쩌나 싶거든요."

김 교수는 잠시 두 사람을 바라보다가, 한숨 대신 미소를 지었다.

"걱정 마세요. 계약이 없는 날들이 길었을 뿐이지, 우리가 준비한 게 다 허사가 되진 않습니다. 곧 다시 사인을 받게 될 거예요. 그리고 그 순간, 두 사람은 달라지게 될 것입니다."

그날 오후, 사무실 전화가 울렸다.

"여보세요, 혹시 지난번에 보여주셨던 1층 30평짜리 상가, 아직 임대 가능할까요?"

정민우는 순간 얼어붙었다.

"예… 예, 가능합니다! 언제 방문하시겠습니까?"

전화를 끊자마자 그는 의자에서 벌떡 일어났다.

"교수님, 드디어 연락이 왔습니다! 이번에는 진짜 계약까지 가는 걸까요?"

김 교수는 고개를 끄덕이며 말했다.

"좋습니다. 하지만 들떠서는 안 됩니다. 계약서에 도장이 찍히기 전까지는 아무것도 아닙니다."

다음 날, 고객 부부가 사무실을 찾았다. 상담은 매끄럽게 흘러갔고, 모든 조건이 맞아떨어졌다. 그리고 마침내 김 교수가 서랍에서 계약서를 꺼냈다. 순간, 공기가 달라졌다. 정민우의 손이 덜덜 떨렸다.

'이 종이에 사인을 받으면, 모든 게 달라진다….'

고객이 펜을 집어 들었다. 그 순간, 정민우의 심장은 요동쳤다.

'제발… 제발 이번에는….'

하지만 펜이 말을 듣지 않았다. 볼펜 심이 빠져서 글자가 나오지 않았다.

"어… 잉크가 안 나오네요."

고객이 난감해하자, 정민우가 허둥지둥하며 세 개의 펜을 내밀었다. 하나는 심이 부러져 있었고, 다른 하나는 빨간색이었다. 유서연이 황급히 뛰어나가 옆 카페에서 펜을 빌려왔다.

"여기요, 고객님. 이번엔 확실합니다."

사무실은 긴장과 웃음이 뒤섞였다. 고객도 웃음을 터뜨리며 말했다.

"이렇게까지 애쓰시니 더 믿음이 가네요."

드디어 고객의 손끝이 계약서 위를 스쳤다. 사인 한 줄이 적히는 순간, 사무실 안의 모든 공기가 달라졌다. 정민우는 손으로 얼굴을 감싸며 속으로 외쳤다.

'드디어… 드디어 다시 사인을 받았다. 내가 진짜 공인중개사라는 것을 다시 느낀다!'

유서연의 눈가도 촉촉해졌다.

"계약서 한 장이 이렇게 사람을 살리는군요. 정말 숨통이 트입니다."

김 교수는 두 사람을 바라보며 천천히 말했다.

"보세요. 계약은 단순히 돈을 벌었다는 의미가 아닙니다. 공인중개사에게 계약서는 존재의 이유입니다. 오늘 이 사인이, 두 사람을 다시 일으켜 세운 것입니다."

'처음에는 이 사무실을 믿을 수 있을까 반신반의했는데, 이렇게까지 성심껏 준비하고, 마지막까지 웃음을 주니… 잘 선택했다는 확신이 든다. 계약이 아니라 사람을 만난 느낌이다.'

계약이 끝나고, 정민우가 책상 위 계약서를 쓰다듬었다.

"이상합니다. 그저 종이 한 장에 사인을 받았을 뿐인데, 마치 제 어깨가 다시 펴지는 기분입니다. 이제는 더 이상 눈치 보며 살아가지 않아도 될 것 같습니다."

유서연도 고개를 끄덕였다.

"저도 그래요. 상담만 하던 공허한 날들이 이제 끝났네요."

김 교수는 차분히 덧붙였다.

"그렇습니다. 계약서 한 장이 사람을 바꿉니다. 여러분은 이제 단순한 상담자가 아니라, 진짜 계약을 만드는 공인중개사입니다."

**하지 말 것** : 계약서 꺼내기를 두려워하거나, 미루는 행동

**해야 할 것** : 상담이 흐름을 탔을 때 과감히 계약서 제시

**추가로 할 것** : 사소한 해프닝도 웃음으로 바꿔 분위기를 완화

**핵심 멘트** : "계약은 돈보다 자존감을 살린다."

# 계약서를 쓰는
# 손의 떨림을 멈춰라

　사무실 한쪽, 계약서를 펼쳐둔 테이블 위에 정적이 흘렀다. 고객은 조건에 동의했고, 중개보수도 협의가 끝났다. 이제 사인만 남았다. 그런데 정민우의 손이 미세하게 떨리고 있었다. 그는 억지로 펜을 잡았지만, 종이가 바스락거릴 정도였다. '혹시라도 계약이 중간에 깨지면 어떡하지? 고객이 갑자기 마음을 바꾸면? 내가 뭔가 잘못 적어 실수라도 하면?' 하는 생각으로 머릿속에서 온갖 걱정이 꼬리를 물었다. 유서연이 조심스레 속마음을 꺼냈다.

　"사실 저도 그래요. 계약서만 꺼내면 갑자기 숨이 막히는 느낌이 들어요. 손님이 도장 찍는 순간이 너무 무거워서, 오히려 겁이 납니다. 한 번은 너무 긴장한 나머지 계약서에 제 이름을 잘못 적을 뻔했어요."

　정민우가 눈을 크게 떴다.

"정말요? 서연 씨 같은 사람도 그래요?"

유서연은 씩 웃었다.

"계약서는 그냥 종이가 아니라, 우리의 인생이 달린 순간이잖아요. 그러니 긴장하는 게 당연한 거죠."

김 교수가 잔잔히 웃으며 과거 이야기를 꺼냈다.

"저도 처음 계약서를 쓸 때는 손이 덜덜 떨렸죠. 도장이 삐뚤게 찍혀서 고객이 다시 찍자고 하더군요. 그 순간 얼굴이 화끈거렸어요. 하지만 시간이 지나면서 깨달았습니다. **계약서에 서명하는 손은 떨림이 아니라 확신으로 움직여야 합니다.** 그 확신은 연습과 준비에서 나옵니다."

그날 계약 자리에서도 작은 해프닝이 있었다. 고객이 도장을 꺼냈는데, 인주가 말라 버린 것이다. 정민우가 허둥지둥하며 외쳤다.

"교수님, 인주가 말랐습니다!"

유서연이 서랍을 열어보니 빨간색 매니큐어만 있었다.

"이걸로 임시로 찍을까요?"

순간 모두가 폭소를 터뜨렸다. 고객까지 배를 잡으며 웃자, 긴장되던 공기는 순식간에 풀렸다. 결국 옆 사무실에서 인주를 빌려와 무사히 도장을 찍을 수 있었다.

● 고객의 내적 독백
'이 팀, 뭔가 허술한 듯 보이지만 참 인간적이다. 긴장도 솔직하게 드러내고, 작은 해프닝을 웃음으로 넘기네. 오히려 이런 모습이 더 신뢰가 간다. 계약은 결국 사람과 사람 사이의 약속이라는 것을 느낀다.'

계약이 끝난 뒤, 김 교수가 두 제자를 향해 말했다.

"손이 떨리는 건 두려워서가 아닙니다. '이 계약이 꼭 성공해야 한다'라는 절실함이 담겨 있기 때문입니다. 하지만 기억하세요. 고객 앞에서 공인중개사가 자신 없으면, 고객의 마음도 흔들립니다. 손의 떨림을 멈추려면 두 가지가 필요합니다. 첫째, 계약 절차를 몸에 익히는 연습. 둘째, 고객이 나를 믿을 만한 준비. 준비가 곧 자신감을 만들고, 자신감이 손을 멈추게 합니다."

김 교수는 화이트보드에 굵게 적었다.

**연습 + 준비 = 떨림 없는 계약서**

## 실전 TIP

**하지 말 것 :** 계약서를 꺼낼 때 머뭇거리기, 불안한 표정 짓기

**해야 할 것 :** 계약 절차를 반복적으로 연습해 몸에 익히기

**추가로 할 것 :** 계약 전에 도장·펜·인주까지 점검

**활용 멘트 :** "저는 절차와 조건을 모두 확인했습니다. 안심하셔도 됩니다."

# 39
# 중개보수 협상,
# 나는 이제 당당하다

계약 조건은 다 맞춰졌지만, 마지막 순간에 공기는 묘하게 무거워졌다. 건물주가 팔짱을 끼고 말했다.

"근데 중개보수 말인데요…. 솔직히 요즘 다른 공인중개사들은 좀 깎아주던데, 여기도 좀 조정해주셔야 하지 않겠습니까?"

정민우의 얼굴이 굳었다.

'아, 또 이 이야기다. 여기서 뭐라고 대답해야 할지….'

유서연도 긴장한 듯 눈치를 봤다.

'혹시라도 거절했다가 계약이 깨지면 어쩌지?'

사무실 공기가 한순간 얼어붙었다. 정민우는 예전 일을 떠올렸다. 중개보수를 제대로 받지 못해 억울했던 날들. "이번만 할인해드릴게요"라고 양보했다가 고객이 당연하게 여겨버린 경험. 그 후 그는 늘 '협상'이라는 단어만 들어도 위축됐다.

'중개보수 이야기가 나오면 내가 작아진다. 왜 나는 늘 당당하게 말하지 못하는 걸까?'

김 교수가 천천히 몸을 앞으로 기울였다. 표정은 단호했지만 목소리는 부드러웠다.

"사장님, 저희가 받는 중개보수는 단순히 '중개료'가 아닙니다. 오늘 이 자리까지 오기 위해 발로 뛴 조사, 공실 원인 파악, 경쟁 분석, 고객 연결… 그 모든 시간과 노력이 담긴 대가입니다. 계약 한 건이 아니라, 사장님의 건물을 안정적으로 운영하도록 만든 가치의 중개보수라고 생각해주시면 됩니다."

정민우가 긴장된 분위기를 풀려고 계산기를 꺼내 중개보수를 입력했는데, 잘못 눌러서 3억 원이 찍혔다.

"어… 아, 잠시만요. 이건 저희 사무실 매출 목표입니다!"

순간 모두가 폭소를 터뜨렸다. 건물주도 피식 웃으며 긴장이 풀렸다. 유서연이 슬쩍 덧붙였다.

"사장님, 사실 이 목표는 아직 달성하지 못 했습니다."

웃음 뒤, 건물주는 한참 생각하다 고개를 끄덕였다.

"듣고 보니 맞는 말씀입니다. 사실 그동안 공인중개사들이 그냥 자리를 보여주기만 하고 갔는데, 오늘은 달랐습니다. 데이터도, 상권 분석도, 세입자 후보도 이미 준비돼 있었으니… 그 정도 중개보수는 받을 자격이 있네요."

● 고객의 내적 독백
'내가 괜히 깎으려 했나? 이 사람들은 단순히 자리를 빌려주는 게 아니라, 내 건물 가치를 끌어올리는 파트너네. 이런 공인중개사에게는 중개보수를 아끼는 게 오히려 손해다.'

계약이 끝난 뒤, 김 교수가 두 제자를 바라보며 말했다.

"봤죠? 중개보수 협상에서 주눅 들면, 고객도 우리의 가치를 낮게 봅니다. 하지만 당당하게 설명하면, 오히려 신뢰가 올라가죠. 중개보수는 깎아주는 게 아니라, 제공한 가치만큼 인정받는 것입니다. 우리가 스스로를 존중할 때, 고객도 우리를 존중합니다."

김 교수는 화이트보드에 굵게 적었다.

**가치를 말하라, 그러면 중개보수는 따라온다.**

실전 🖊 TIP

**하지 말 것 :** "이번만 할인해드릴게요"라는 양보성 멘트
**해야 할 것 :** "저희가 드린 가치는 ○○입니다. 그에 맞는 중개보수입니다."
**추가로 할 것 :** 고객이 망설일 때, 조사 과정·노력·성과를 구체적으로 언급
**활용 멘트 :** "중개보수는 비용이 아니라, 계약이 원활히 이루어진 결과의
　　　　　　　증거입니다."

# 40
# 건물주가 먼저 소개하는
# 구조를 만들었다

월요일 아침, 사무실 전화가 울렸다. 정민우가 받자마자 눈이 휘둥그레졌다.

"교수님, 이게 웬일입니까? 지난주 계약했던 건물주님이, 지인이 상가를 내놓으려한다며 저희를 직접 연결해주셨습니다!"

유서연도 놀라 입을 틀어막았다.

"보통은 우리가 먼저 발품 팔아야 하는데. 이번엔 건물주가 우리를 소개했다고요?"

김 교수는 잔잔히 웃으며 말했다.

"드디어 올 게 온 겁니다. 이게 바로 **관계가 구조로 바뀌는 순간**이죠."

예전 같으면 계약을 마친 후, 연락은 거기서 끊기기 일쑤였다. 중개보수 이야기를 꺼내며 서로 어색해지고, "다음에 또 뵙겠습니다"라는 인사로 끝나는 게 보통이었다. 그러나 이번에는 달랐다. 계약당시 김 교수와 두 제자는 철저히 준비했고, 조건 설명부터 사소한 해프닝까지 웃음으로 마무리했다. 건물주는 "정말 든든하다"라는 말을 남기고 돌아갔다. 그 진심이 며칠 만에 소개라는 결과로 돌아온 것이었다. 새로운 건물주는 계약서를 들고 사무실로 찾아왔다.

"○○씨(기존 건물주)가 그러더군요. '내 건물은 여기 공인중개사들이 해결해줬다. 당신도 맡겨라' 그래서 그냥 고민도 안 하고 바로 왔습니다."

정민우는 속으로 감탄했다.

'이게 바로 입소문이라는 거구나. 우리가 잘하면 고객이 고객을 데려온다.'

그날 오후, 사무실 문이 열리더니 한 아주머니가 들어왔다.

"여기가 소개받은 사무소 맞나요?"

정민우가 반갑게 인사를 했는데, 그 아주머니는 갑자기 가방에서 전단지를 꺼냈다.

"그럼 집에서 쓰던 중고 청소기도 사줄 수 있나요?"

순간 모두가 얼어붙었다가, 유서연이 웃음을 터뜨렸다.

"아… 사모님, 여기는 중고 물건이 아니라 상가 중개사무소입니다."

아주머니는 얼굴을 붉히며 돌아갔고, 사무실 안은 폭소로 가득 찼다. 작은 해프닝이었지만, "소개받고 찾아왔다"라는 말만으로도 모두의 가슴은 벅찼다.

● 고객(건물주)의 내적 독백
'공인중개사는 계약만 하고 끝나는 줄 알았다. 그런데 이 팀은 계약 이후에도 관리해주고, 내 입장을 존중하며 사람답게 대해줬다. 그래서 주저 없이 내 지인에게 추천했다. 이런 공인중개사라면 나도, 내 지인도 안심할 수 있다.'

계약이 끝난 뒤, 김 교수가 두 제자를 향해 말했다.

"오늘 배운 것을 명심하세요. 중개는 한 건으로 끝나는 게 아닙니다. **계약이 관계로, 관계가 구조로 이어져야 합니다.** 우리가 계약서에 도장을 받는 순간은 끝이 아니라 시작입니다. 그 계약에서 신뢰를 쌓아야 다음 계약이 저절로 들어옵니다. 공인중개사가 발품을 팔지 않아도 고객이 먼저 우리를 소개하는 구조, 이게 바로 장기적으로 살아남는 길입니다."

화이트보드에 굵게 적었다.

**계약 → 관계 → 구조**

---

### 실전 ✒ TIP

**하지 말 것 :** 계약 후 고객과 연락 끊기
**해야 할 것 :** 계약 이후 사소한 관리·안부 인사 유지
**추가로 할 것 :** 고객의 문제를 먼저 챙겨주는 태도
**활용 멘트 :** "사장님, 저희는 계약 이후에도 함께 갑니다."

---

# 고객과 동료의
# 시선이 달라졌다

한동안 계약이 없을 때, 정민우와 유서연은 늘 움츠러들어 있었다. 동네 카페에 가도 건물주들은 무심히 지나쳤고, 옆 사무실 동료 중개사들은 '저 팀은 아직도 신입 티가 난다'라는 듯한 표정을 지었다. 계약서 없는 날들은 마치 투명인간이 된 것 같은 기분을 느꼈다. 그러나 최근 연달아 계약을 성사시키면서 분위기는 완전히 바뀌었다. 건물주와 세입자, 투자자들이 그들의 사무실을 다르게 보기 시작했다.

어느 날, 사무실 문이 열리더니 지난주 계약을 미친 세입자가 다시 찾아왔다.


"안녕하세요, 교수님. 사실 다른 가게 사장님들이 저한테 물어보더군요. '그 중개사무소 어땠냐?' 하고요. 저는 당연히 대답했죠. '믿을 만합니다. 꼼꼼하고 확실합니다' 하고요."

정민우와 유서연은 서로 눈을 마주치며 놀랐다.

'와… 이제 고객이 우리를 추천하는 쪽이 되는구나.'

더 놀라운 변화는 동료 공인중개사들의 시선이었다. 예전에는 계약 건수나 실적 이야기가 나오면 슬그머니 자리를 피하곤 했는데, 이제는 오히려 동료들이 먼저 다가와 물었다.

"민우 씨, 지난번 그 매물 어떻게 성사시킨 거예요? 요즘 진짜 잘하던데요?"

유서연은 속으로 미소 지었다.

'예전엔 같은 질문을 하고 싶어도, 우리가 초라해 보일까 봐 안 물어봤을 텐데…. 이제는 인정해주고 있다는 거네.'

며칠 후, 상권 내 공인중개사들이 모이는 회식 자리가 있었다. 정민우가 늦게 도착해서 자리에 앉자, 한 동료가 술잔을 건넸다.

"자, 요즘 잘나가는 민우 씨 축하주부터 받아야지!"

민우는 얼떨결에 잔을 들고 인사하다가 그만 물을 엎질렀다.

"앗, 죄송합니다. 저희는 아직 계약서보다 술이 더 서툴러서….”

순간 모두가 웃음을 터뜨렸고, 분위기는 더 화기애애해졌다. 웃음 속에 숨은 의미는 명확했다. **이제 그들은 더 이상 신입이 아니라, 인정받는 파트너였다.**

● 고객의 내적 독백
새로 계약한 임차인은 사무실을 나서며 속으로 생각했다.
'저 팀은 예전보다 훨씬 당당하다. 계약 과정에서 망설이지 않고, 설명도 더 명확해졌다. 내가 맡긴 일이 든든하다. 그래서 주변 사람들에게도 자신 있게 추천할 수 있다.'

계약을 마치고 사무실에서 김 교수가 두 제자를 향해 말했다.

"봤죠? 계약 한 장이 단순히 돈만 남기는 게 아닙니다. 사람들의 시선이 달라집니다. 고객이 '믿을 만하다'고 말해주고, 동료가 '잘한다'라고 인정해주면, 그때부터는 시장에서 다른 위치에 서는 겁니다. 이제 두 사람은 '계약이 없는 공인중개사'가 아니라, '계약으로 말하는 공인중개사'가 된 거예요.”

김 교수는 화이트보드에 굵게 적었다.

**계약은 시선을 바꾼다. 시선이 바뀌면, 위치도 바뀐다.**

# 42
# 계약은 나를 다시
# 사람답게 만들었다

정민우는 계약이 없던 지난달을 떠올렸다.

"교수님, 그때는 매일 아침 거울 보는 것도 싫었습니다. 명함에는 공인중개사라고 써 있지만, 실제로는 상담만 하다가 고객을 다 놓치는 사람 같았어요. 사람 같지 않았습니다. 투명인간 같았죠."

유서연도 고개를 끄덕였다.

"저도 똑같았어요. 계약이 없으니까 가족 얼굴 보기도 힘들었고, 친구들 모임도 피하게 되더라고요. 다들 '요즘 잘돼?'라고 물으면 대답을 할 수가 없었거든요."

사무실 분위기는 다시 잠시 무거워졌다. 하지만 최근 연달아 계약이 성사되면서, 두 사람은 확실히 달라졌다. 정민우가 웃으며 말했다.

"처음 계약서를 꺼냈을 때 손이 떨렸는데, 고객이 도장을 찍자마자 그 떨림이 사라졌습니다. 마치 '나는 할 수 있다'라는 확인 도장이 제 가슴에 찍힌 것 같았습니다."

유서연도 덧붙였다.

"저는 계약서 한 장이 제 멘털 치료제라는 걸 알게 됐어요. 상담만 하던 때는 늘 불안했는데, 계약이 성사되니까 다시 제 자신을 믿게 됐습니다."

며칠 뒤, 정민우가 집에 돌아가자 아들이 눈을 동그랗게 뜨며 물었다.

"아빠, 오늘은 웃고 들어오네? 드디어 계약했구나?"

정민우는 깜짝 놀라며 물었다.

"너, 어떻게 알았어?"

아들이 씩 웃으며 대답했다.

"계약 없는 날은 집에 와서 맨날 잔소리만 했잖아."

순간 가족 모두 웃음을 터뜨렸고, 정민우는 그제야 깨달았다. **계약 한 장이 집안 공기도 바꿔놓는다는 것을.**

● 고객의 내적 독백
새로 계약을 맺은 건물주는 사무실을 나서며 속으로 생각했다.
'저 중개사무소, 사람 냄새가 난다. 계약서 위의 도장은 돈만을 위한 게 아니라, 서로의 삶을 다시 세우는 약속이구나. 나도 맡기길 잘했다.'

김 교수가 두 제자를 향해 말했다.

"보세요. 계약은 단순히 돈을 버는 게 아닙니다. 계약서 한 장이 우리를 다시 '사람답게' 만듭니다. 웃음을 되찾게 하고, 가족 앞에서 당당하게 하고, 고객과 동료 앞에서 떳떳하게 합니다. 우리는 계약으로 먹고사는 사람이 아니라, 계약으로 사람다움을 회복하는 사람들입니다."

김 교수는 화이트보드에 굵게 적었다.

**계약 = 자존감 = 사람다움**

## 실전 ✒ TIP

**하지 말 것 :** 계약을 단순히 돈의 문제로만 보는 태도

**해야 할 것 :** 계약을 통해 자신감·신뢰·삶의 균형을 회복한다고 인식

**추가로 할 것 :** 계약 이후 가족·동료와 성취를 나누어 자존감 강화

**활용 멘트 :** "계약은 제 자존감을 다시 세워줍니다."

**"이제 계약서에 도장을 찍을 사람은 바로 당신이다!"**

사무실 불빛이 꺼져가는 밤, 김 교수와 정민우, 유서연은 마지막으로 계약서를 정리하며 앉아 있었다. 테이블 위에는 도장이 찍힌 계약서들이 차곡차곡 쌓여 있었다. 그 종이들은 단순한 문서가 아니라, 그들의 땀과 눈물, 그리고 웃음과 좌절까지 품고 있는 기록이었다. 정민우가 계약서를 한 장 쓰다듬으며 말했다.

"교수님, 이게 종이 한 장일 뿐인데, 제 인생을 이렇게 바꾸네요. 예전엔 손님이 웃으며 나가도 다시 오지 않아서, 제 존재 자체가 부정당하는 기분이었는데…. 지금은 이 도장이 제 자존심을 다시 세워줍니다."

유서연도 미소 지으며 덧붙였다.

"맞아요. 계약서에 사인 받는 순간, 저는 단순한 중개사가 아니라, 누군가의 꿈을 이어주는 다리 같았어요. 그 기분은 그 어떤 화려한 말보다 더 큰 힘이 있더라고요."

그때 정민우가 서랍을 열자, 한쪽 구석에서 먼지 쌓인 계약서 뭉치가 나왔다.

"어? 이건 뭐죠?"

김 교수가 들여다보더니 웃음을 터뜨렸다.

"아이고, 이건 초창기에 잘못 작성해서 다시 썼던 계약서들이네요. 도장도 삐뚤고, 금액도 틀리고, 심지어는 고객 이름까지 한 글자 틀렸던 거네요."

유서연이 낄낄 웃으며 말했다.

"민우 씨, 이거 박물관에 전시해야겠네요. '실수도 계약의 일부다' 전시관!"

모두가 배를 잡고 웃었다. 실수로 얼룩진 종이조차 이제는 따뜻한 추억이 되어 있었다.

며칠 전 계약했던 분식집 사장은 사무실로 떡을 들고 와서 말했다.

"교수님, 덕분에 가게 잘 시작했어요. 첫날 매출이 기대보다 훨씬 좋았습니다. 솔직히 계약서 도장 찍을 때는 떨렸는데, 이제는 제 인생이 달라질 거라는 확신이 생겼습니다."

건물주도 전화로 소식을 전했다.

"소개받은 세입자 덕분에 공실 걱정이 사라졌습니다. 앞으로 다른 건물도 맡기고 싶습니다."

그들의 말은 단순한 감사 인사가 아니라, 계약서가 사람들의 삶을 바꾸는 증거였다.

김 교수는 창밖을 바라보며 속으로 말했다.

'계약서 한 장. 그건 단순히 돈을 벌기 위한 도구가 아니다. 누군가의 인생을 다시 세우고, 누군가의 자존감을 지켜주는 약속이다. 나

역시 그 약속 속에서 사람다움을 되찾았다. 그래서 나는 여전히 이 일을 사랑한다.'

이제 이 책을 읽고 있는 당신에게 묻고 싶다.
당신은 얼마나 많은 상담을 했는가?
그 상담 뒤에 몇 번의 웃음이 있었는가?
그리고 그 웃음 뒤에 몇 번이나 계약이 사라졌는가?

좌절했을 수도 있다.
'나는 안 되나 봐'라는 생각이 들었을 수도 있다.

그러나 기억하라. **계약은 당신을 다시 사람답게 만드는 힘**이다.
도장이 찍히는 순간, 무너졌던 마음이 다시 일어나고, 주눅 들었던 어깨가 다시 펴지고, 사라졌던 웃음이 되돌아온다.

이제 책장을 덮는 이 순간, 당신의 손에도 계약서가 놓일 차례다.
손님은 반드시 다시 찾아온다.

기억하라. 웃음은 감사의 표현일 뿐, 계약은 확신에서 나온다.
그리고 그 확신을 심어주는 것은 바로 당신이다.

작은 행동 하나, 진심 어린 한마디, 포기하지 않는 하루하루가 모여 결국 도장으로 돌아온다. 그 도장은 단순한 잉크가 아니라, 당신의 땀과 눈물, 그리고 고객과의 신뢰가 찍히는 것이다.

김 교수, 정민우, 유서연은 쌓여 있는 계약서를 보며 웃었다.
이제는 그들만의 이야기가 아니다.

**이제 계약서에 도장을 찍을 사람은 바로 당신이다. 그리고 그 도장은 당신을 다시 사람답게 만들 것이다.**

**실적 없는 공인중개사를 위한
현실 회복 매뉴얼!**

# 당신이 지친 이유는
# 계약이 없어서다

제1판 1쇄  2025년 11월 1일

지은이  김명식
펴낸이  한성주
펴낸곳  ㈜두드림미디어
책임편집  신슬기, 최윤경
디자인  김진나(nah1052@naver.com)

**㈜두드림미디어**
등  록  2015년 3월 25일(제2022-000009호)
주  소  서울시 강서구 공항대로 219, 620호, 621호
전  화  02)333-3577
팩  스  02)6455-3477
이메일  dodreamedia@naver.com(원고 투고 및 출판 관련 문의)
카  페  https://cafe.naver.com/dodreamedia

ISBN  979-11-24026-04-5 (03320)